¡Así se dice!

Glencoe Spanish 1

Workbook and Audio Activities

Conrad J. Schmitt

McGraw Hill Glencoe

The McGraw-Hill Companies

 Glencoe

Send all inquiries to:
Glencoe/McGraw-Hill
8787 Orion Place
Columbus, OH 43240-4027

ISBN: 978-0-07-888369-9
MHID: 0-07-888369-5

Printed in the United States of America.

17 18 19 20 21 QVS 16 15 14

Contenido

Lecciones preliminares

    Workbook LP.3

    Audio Activities LP.13

Capítulo 1 ¿Cómo somos?

    Workbook 1.3

    Audio Activities 1.17

Capítulo 2   La familia y la casa

    Workbook 2.3

    Audio Activities 2.17

Capítulo 3   En clase y después

    Workbook 3.3

    Audio Activities 3.19

Capítulo 4   ¿Qué comemos y dónde?

    Workbook 4.3

    Audio Activities 4.21

Capítulo 5   Deportes

    Workbook 5.3

    Audio Activities 5.21

Capítulo 6   El bienestar

    Workbook 6.3

    Audio Activities 6.17

Capítulo 7   De vacaciones

    Workbook 7.3

    Audio Activities 7.23

Capítulo 8   En tu tiempo libre

    Workbook 8.3

    Audio Activities 8.15

Capítulo 9   ¡Vamos de compras!

Workbook...9.3

Audio Activities...9.15

Capítulo 10   En avión

Workbook...10.3

Audio Activities...10.15

Capítulo 11   ¡Una rutina diferente!

Workbook...11.3

Audio Activities...11.13

LECCIONES PRELIMINARES

Saludos

A Choose an appropriate response and circle the corresponding letter.

1. ¡Hola!

   a. Muy bien.

   b. Gracias.

   c. ¡Hola!

2. ¿Qué tal?

   a. ¡Hola!

   b. Muy bien.

   c. Gracias.

3. Buenos días.

   a. Buenas noches.

   b. Buenas tardes.

   c. Buenos días.

4. Buenas tardes.

   a. Buenos días.

   b. Buenas tardes.

   c. Buenas noches.

B Match each statement with the appropriate illustration.

a.   b.   c.

1. _____ Buenas noches.

2. _____ Buenas tardes.

3. _____ Buenos días.

C Just as English speakers use abbreviations, Spanish speakers also abbreviate words.

   Señor → Sr.   **Señora → Sra.**   **Señorita → Srta.**

Note that the abbreviation *Ms.* does not exist in Spanish.
Write the following names using an abbreviation for the title.

1. Miss Alicia Salas _____

2. Mr. Juan Ayerbe _____

3. Mrs. Cecilia Guzmán _____

D Fill in the missing words in the following conversation.

—¡Hola, Enrique!

—¡_____₁_____, Eduardo! ¿Qué _____₂_____?

—Muy bien,_____₃_____. ¿Y _____₄_____, Enrique?

—Muy _____₅_____.

¡Adiós!

A Match each statement with the appropriate illustration.

a.

b.

c.

1. _____ ¡Hola!

2. _____ Adiós.

3. _____ Chao.

B Tell if the following farewells are formal (*f*) or informal (*i*).

1. _____ Adiós, señor.

2. _____ Hasta luego, Paco.

3. _____ Chao.

4. _____ Hasta mañana, señor Morales.

C Say these Spanish words carefully.

     hola   **hasta**

There is one letter that you did not hear. It is not pronounced in Spanish.

What letter is it? _____

Now say the following Spanish words.

     hotel   **hospital**

La cortesía

A Choose an appropriate response and circle the corresponding letter.

1. ¡Hola!

    a. Adiós.

    b. ¡Hola! ¿Qué tal?

    c. De nada.

2. Gracias, señor.

    a. No hay de qué.

    b. Sí.

    c. Chao.

B Circle the letter of the conversation that is the more polite of the two.

1. a. —¡Hola! ¿Qué tal?
    —Bien.

   b. —¡Hola! ¿Qué tal?
    —Muy bien, gracias.

2. a. —Una limonada.
    —Sí, señor.

   b. —Una limonada, por favor.
    —Sí, señor.

3. a. —¿Cuánto es, por favor?
    —¿Una cola? Veinte pesos.

   b. —¿Cuánto es?
    —¿Una cola? Veinte pesos.

4. a. —Gracias.
    —*(Silencio)*

   b. —Gracias.
    —De nada.

C Complete with the missing letter. It is a letter you do not pronounce in Spanish.

1. No _____ay de qué.

2. Una _____amburguesa, por favor.

PRELIMINAR D

Algunos números

A Give the words for the following in Spanish.

1. 10 _____
2. 20 _____
3. 30 _____
4. 40 _____
5. 50 _____
6. 60 _____
7. 70 _____
8. 80 _____
9. 90 _____
10. 100 _____

B Write the following with numerals.

1. _____ seis
2. _____ dieciocho
3. _____ treinta y cinco
4. _____ veintidós
5. _____ cuarenta y siete
6. _____ cincuenta y cuatro
7. _____ setenta y ocho
8. _____ sesenta y tres
9. _____ ciento cinco
10. _____ noventa y nueve

C Match the currency and the country.

1. _____ México, Argentina   **a.** el euro

2. _____ Guatemala   **b.** el dólar estadounidense

3. _____ Panamá   **c.** el peso

4. _____ España   **d.** el bolívar

5. _____ Venezuela   **e.** el quetzal

La fecha

A Complete each word.

1. vier_____es
2. _____unes
3. j_____eves
4. miércole_____
5. mart_____s

B Do the following.

1. Write the missing letters from Activity A. _____
2. Unscramble the letters to spell a day of the week in Spanish. _____

C In English, the days of the week are written with a capital letter. In Spanish, they are written with a small letter: **lunes, martes, miércoles, jueves, viernes, sábado, domingo.** Write a capital *A* next to the expression that means *capital letter* and a small *a* next to the expression that means *small letter.*

1. _____ una letra mayúscula
2. _____ una letra minúscula

D Complete each word.

1. _____iciembre
2. oct_____bre
3. en_____ro
4. jul_____o
5. j_____nio
6. se_____tiembre
7. ag_____sto
8. _____ebrero
9. mar_____o
10. novie_____bre
11. _____bril
12. ma_____o

E Answer each question.

1. ¿Cuál es la fecha de hoy?

   _____

2. ¿Qué día es mañana?

   _____

F Answer about yourself.

Mi cumpleaños es en el mes de _____. La fecha de mi
                                              1

cumpleaños es el _____ de
                          2

_____.
        3

G Place a check next to the correct statement.

☐ The months in Spanish begin with a capital letter.

☐ The months in Spanish begin with a small letter.

La hora

A Complete with the correct missing word.

1. _____ la una.

2. _____ las dos.

3. Es _____ una.

4. Son _____ cinco.

B Match.

1. _____ Son las once (y) treinta.   **a.** Son las once y cuarto.

2. _____ Son las once (y) quince.   **b.** Son las once y media.

C Match each statement with the appropriate illustration.

a.

b.

c.

d.

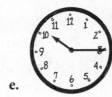
e.

f.

1. _____ Es la una.

2. _____ Son las tres y veinte.

3. _____ Son las once y treinta y cinco.

4. _____ Son las dos y media.

5. _____ Son las diez y cuarto.

6. _____ Son las siete cuarenta.

D Fill out your class schedule in Spanish. Some subjects you may want to use are:

matemáticas	computadora (informática)
inglés	educación física
español (lenguas)	música
historia (estudios sociales)	arte, dibujo
ciencias	

Hora	Clase

Las estaciones y el tiempo

A Match each season in the left-hand column with the corresponding months in the right-hand column.

1. _____ los meses del invierno   **a.** junio, julio y agosto

2. _____ los meses de la primavera   **b.** marzo, abril y mayo

3. _____ los meses del verano   **c.** diciembre, enero y febrero

4. _____ los meses del otoño   **d.** septiembre, octubre y noviembre

B Complete with the correct word.

1. ¿Cuántos meses hay en un año?

   Hay _____ meses en un año.

2. ¿Cuántos días hay en una semana?

   Hay _____ días en una semana.

3. ¿Cuántas estaciones hay en un año?

   Hay _____ estaciones en un año.

C Write the seasons and months when people usually do these activities.

1. el fútbol _____

   _____

2. el béisbol _____

   _____

3. el esquí _____

   _____

D Match each statement with the appropriate illustration.

a.   b.   c.

d.   e.

1. _____ Nieva.
2. _____ Hace mucho frío.
3. _____ Hace calor.
4. _____ Hay sol.
5. _____ Hace viento.

E Write the sentence under the illustration it describes.

Hace frío.	Nieva.
Hay sol.	Hace calor.

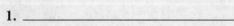

1. _____   3. _____

2. _____   4. _____

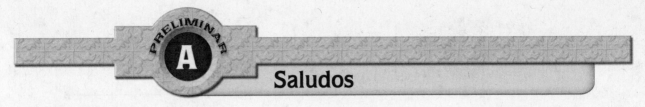

Saludos

Actividad A Listen and repeat.

Actividad B Listen and repeat.

Actividad C Listen and speak.

Actividad D Listen and repeat.

Actividad E Listen and speak.

Actividad F Listen and choose.

	sí	no
1.	☐	☐
2.	☐	☐
3.	☐	☐
4.	☐	☐
5.	☐	☐

¡Adiós!

Actividad A Listen and repeat.

Actividad B Listen and choose.

1. a   b   c

2. a   b   c

3. a   b   c

Actividad C Listen and repeat.

Actividad D Listen and choose.

	greeting	saying good-bye
1.	☐	☐
2.	☐	☐
3.	☐	☐
4.	☐	☐
5.	☐	☐
6.	☐	☐

Actividad E Listen and choose.

	sí	no
1.	☐	☐
2.	☐	☐
3.	☐	☐
4.	☐	☐
5.	☐	☐

La cortesía

Actividad A Listen and repeat.

Actividad B Listen and repeat.

Actividad C Listen and choose.

	sí	no
1.	☐	☐
2.	☐	☐
3.	☐	☐
4.	☐	☐

Actividad D Listen and repeat.

Actividad E Listen and repeat.

Algunos números

Actividad A Listen and repeat.

Actividad B Listen and repeat.

Actividad C Listen and write.

1. _____
2. _____
3. _____
4. _____
5. _____
6. _____
7. _____
8. _____
9. _____
10. _____

Actividad D Listen and repeat.

La fecha

Actividad A Listen and repeat.

Actividad B Listen and speak.

Actividad C Listen and repeat.

Actividad D Listen and repeat.

Actividad E Listen and speak.

La hora

Actividad A Listen and repeat.

Actividad B Listen and repeat.

Actividad C Listen and answer.

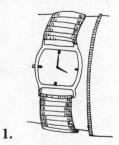

1.

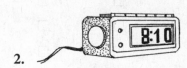

2.

3.

4.

5.

6.

Actividad D Listen and repeat.

Actividad E Listen and answer.

CURSOS	HORA
Matemáticas	8:00
Español	10:30
Inglés	2:00
Ciencias	1:15

Las estaciones y el tiempo

Actividad A Listen and repeat.

Actividad B Listen and choose.

	el invierno	la primavera	el verano	el otoño
1.	☐	☐	☐	☐
2.	☐	☐	☐	☐
3.	☐	☐	☐	☐
4.	☐	☐	☐	☐
5.	☐	☐	☐	☐
6.	☐	☐	☐	☐
7.	☐	☐	☐	☐

Actividad C Listen and repeat.

Actividad D Listen and choose.

	sí	no
1.	☐	☐
2.	☐	☐
3.	☐	☐
4.	☐	☐
5.	☐	☐
6.	☐	☐

Actividad E Listen and answer.

Actividad F Listen and answer.

Repaso

Actividad A Listen and answer.

¿Cómo somos?

¿Cómo somos?

Vocabulario ❶

A Look at the photographs and captions on pages 22 and 23 of your textbook and then complete the following sentences.

A, e, i, o, and **u** are vowels. The words that describe a boy end in the vowel _____ and the words that describe a girl end in _____.

B Match the opposites.

1. _____ moreno   **a.** antipático
2. _____ alto   **b.** cómico
3. _____ simpático   **c.** rubio
4. _____ bonito   **d.** feo
5. _____ serio   **e.** bajo

C Complete with **Julia** or **Eduardo**.

1. _____ es moreno.
2. _____ es rubia.
3. _____ es graciosa.
4. _____ es serio.
5. _____ es ambiciosa.

D Look at the picture of Francisco Álvarez. Write a story about him. You may want to use the words in the chart to help you.

Es	Caracas	serio
No es	Venezuela	moreno
		guapo
		ambicioso
		rubio

_____

_____

_____

_____

_____

E Answer each question.

1. ¿Quién es? Es _____.

2. ¿Cómo es la muchacha? Es _____.

3. ¿De dónde es ella? Es _____.

4. ¿De qué nacionalidad es? Es _____.

F Think about someone you know. Write down his or her name. Start your paragraph with the name and then write as much about him or her as you can.

_____

_____

_____

_____

_____

G Write an original question using each question word. Then write an appropriate answer to your question.

1. **¿Quién?**

   PREGUNTA _____

   RESPUESTA _____

2. **¿Cómo?**

   PREGUNTA _____

   RESPUESTA _____

3. **¿Dónde?**

   PREGUNTA _____

   RESPUESTA _____

4. **¿De qué nacionalidad?**

   PREGUNTA _____

   RESPUESTA _____

Vocabulario ❷

Ⓐ Indicate whether the information makes sense or not.

	sí	no
1. Los alumnos buenos son perezosos.	☐	☐
2. Una clase interesante es aburrida.	☐	☐
3. Muchos alumnos en la misma escuela son amigos.	☐	☐
4. Un curso duro es muy fácil.	☐	☐

Ⓑ Choose the correct answer to each question.

1. _____ ¿Quiénes son?   **a.** Teresa

2. _____ ¿Quién es la amiga de José? **b.** inteligente y bonita

3. _____ ¿De dónde son ellos?   **c.** puertorriqueñas

4. _____ ¿Cómo es ella?   **d.** José y Luis

5. _____ ¿De qué nacionalidad son?   **e.** Puerto Rico

Ⓒ Look at each pair of words. Put = on the blank if the words mean the same thing (synonyms). Put ≠ on the blank if they mean the opposite (antonyms).

1. grande _____ pequeño

2. bonito _____ guapo

3. mismo _____ diferente

4. duro _____ difícil

5. bueno _____ malo

6. cómico _____ gracioso

Ⓓ Answer the questions about your Spanish class.

1. ¿Cómo es la clase de español?

_____

2. ¿Cómo son los alumnos en la clase de español?

_____

_____

3. ¿Quién es el/la profesor(a) de español?

_____

_____

4. ¿De dónde es el/la profesor(a)?

_____

_____

E Complete with the correct question word.

1. *Elena y Maripaz* son alumnas nuevas.

¿_____ son alumnas nuevas?

2. Ellas son *de México*.

¿_____ son ellas?

3. Las dos muchachas son *muy inteligentes*.

¿_____ son las dos muchachas?

4. *La señora Valdés* es la profesora de español.

¿_____ es la profesora de español?

5. La clase de español es *interesante*.

¿_____ es la clase de español?

F Indicate whether each statement is true or false.

	sí	no
1. Los alumnos serios son estudiosos.	☐	☐
2. Los alumnos malos son alumnos serios.	☐	☐
3. Los alumnos buenos son estudiosos.	☐	☐
4. Las clases interesantes son aburridas.	☐	☐
5. Los profesores buenos y simpáticos son populares con los alumnos.	☐	☐
6. Los profesores aburridos y antipáticos son populares con los alumnos.	☐	☐

G Go through the following steps to write about two friends.

1. Write the name of two friends.

_____

2. Write adjectives (words) that can describe both of them.

_____

3. Write adjectives (words) that can describe only one of them. Identify who it is.

_____

4. Now write about the two friends.

_____

_____

_____

_____

_____

H Synonyms and Antonyms

   1. Write all the synonyms you know in Spanish.

_____

_____

_____

_____

   2. Write all the antonyms you know in Spanish.

_____

_____

_____

_____

I Write the names of all the courses you are taking this year. Then write your opinion of each class.

_____

_____

_____

_____

_____

_____

_____

_____

Gramática

Artículos, sustantivos y adjetivos

A Complete with **el, la, los,** or **las.**

1. _____ muchacho es de Colombia.

2. _____ muchachos son colombianos.

3. _____ amigos de Adela son de Puerto Rico.

4. _____ escuela es una escuela secundaria.

B Write the phrases in the plural.

1. la escuela pequeña

_____

2. el amigo sincero

_____

3. la muchacha alta

_____

4. la clase grande

_____

5. el curso interesante

_____

C Complete with **un** or **una.**

1. _____ amigo bueno es sincero.

2. Él es _____ muchacho nuevo en la escuela.

3. La escuela Jefferson es _____ escuela grande.

4. La biología es _____ curso difícil.

D Complete with the correct endings.

El muchach_____ cuban_____ es muy sincer_____. Él es
             1   2   3

un amig_____ buen_____. Y es gracios_____ también.
         4   5   6

Las dos muchach_____ son puertorriqueñ_____. Ellas son
                    7   8

simpátic_____. Las dos amig_____ son seri_____ pero no
           9   10   11

son tímid_____.
            12

E Complete with the correct ending and then rewrite each sentence in the plural. Remember to change **es** to **son.**

1. El muchach_____ es inteligent_____ y seri_____.

   _____

   _____

2. La muchach_____ es inteligent_____ y gracios_____.

   _____

   _____

3. El muchach_____ nuev_____ es el amig_____ de Teresa.

   _____

   _____

4. El profesor es inteligent_____. Y es interesant_____.

   _____

   _____

5. El curs_____ es interesant_____ pero es difícil.

   _____

   _____

F Complete with the appropriate articles and adjective endings.

_____ escuela Santo Domingo es _____ escuela muy buen_____. Es
__1__   __2__   __3__
_____ escuela grand_____. _____ profesor_____ en _____
__4__   __5__   __6__   __7__   __8__
escuela Santo Domingo son buen_____. Y son inteligent_____. En general _____
                          __9__   __10__   __11__
cursos son buen_____. _____ cursos son fácil_____ y _____ cursos son
            __12__   __13__   __14__   __15__
difícil_____. Y _____ clases son pequeñ_____ y _____ clases son
       __16__   __17__   __18__   __19__
grand_____. _____ alumnos en _____ escuela Santo Domingo son
     __20__   __21__   __22__
inteligent_____ y ambicios_____.
          __23__   __24__

El verbo **ser**

A Complete with **es** or **son.**

La muchacha _____ Isabel. Ella _____ de México.
<u>1</u>   <u>2</u>

Isabel _____ una amiga de Alberto. Alberto _____
      <u>3</u>   <u>4</u>

un muchacho guapo.

Isabel y Alberto _____ alumnos en la clase de la señora Valdés.
                      <u>5</u>

Ellos _____ alumnos muy buenos. Para ellos el curso de español
        <u>6</u>

_____ fácil. Ellos _____ mexicanoamericanos.
    <u>7</u>   <u>8</u>

B Complete with the correct form of the verb **ser.** First, answer the questions. What form of the verb **ser** do you use when you talk to a friend? _____ What form do you use when you speak about yourself? _____

—Alejandra, ¿de dónde _____?
                            <u>1</u>

—Yo _____ de Cuba.
       <u>2</u>

—Ah, _____ cubanoamericana.
         <u>3</u>

—Sí. Y tú, ¿de dónde _____?
                          <u>4</u>

—Yo _____ de Dallas. _____ mexicanoamericano.
       <u>5</u>   <u>6</u>

C Answer the questions about yourself.

   1. ¿Quién eres? _____

   2. ¿De dónde eres? _____

   3. ¿Cómo eres? _____

D Choose the correct completion.

   1. José, tú (eres, es) de Texas, ¿no?

   2. Sí, yo (eres, soy) de Texas.

   3. Tomás (es, son) de Texas también.

   4. Sí, él (es, son) de San Antonio.

   5. Nosotros (son, somos) alumnos en la misma escuela.

   6. Ustedes (es, son) alumnos de español, ¿no?

E Read the e-mail from Inés Villarreal. After you read her e-mail, write a paragraph about her. Then write a paragraph telling about yourself.

¡Hola!

  Soy Inés Villarreal. Soy de Santiago de Chile. Soy chilena. Soy alumna en una escuela privada. Soy una alumna bastante buena y soy graciosa.

_____

_____

_____

_____

F Complete with the correct form of the verb **ser.**

—Hola, Carolina. ¿Quién _____ el muchacho?
                              1

—¿El muchacho alto? _____ Justo. Él _____ el amigo
                         2   3

de Anita.

—Ah, él y Anita _____ amigos.
                       4

—Sí, _____ alumnos en la Escuela Internacional.
         5

—Tú también _____ alumna en la Escuela Internacional, ¿no?
                    6

—Sí, nosotros tres _____ alumnos en la misma escuela.
                          7

—¿_____ ustedes amigos?
     8

—Sí, _____ amigos buenos.
         9

G Form sentences with **ser.**

1. José / de Guatemala

_____

2. yo / alumno(a) serio(a)

_____

3. nosotros / amigos buenos

_____

4. tú / cómico

_____

5. ellas / profesoras

_____

6. ustedes / de Estados Unidos

H Think of two friends. Write about them telling where they are from and what they are like. Then write about yourself. Finish by comparing yourself and your two friends.

_____

_____

_____

_____

_____

_____

I Rewrite each sentence. Make all the necessary changes.

1. La profesora es buena y es muy interesante.

   Las _____

   _____.

2. Las clases son pequeñas y son bastante interesantes.

   La _____

   _____.

3. Yo soy alumno bueno en ciencias pero soy malo en historia.

   Nosotros _____

   _____.

4. Ustedes son amigos de Jaime, ¿no?

   Tú _____?

5. Él es de México y es alumno en la clase de español.

   Él y yo _____

   _____.

D Choose.

From the context in which it is used, what do you think **debe** means?

   a. debt

   b. should

E Answer.

¿Quién es el Simón Bolívar de Estados Unidos?

_____

_____

_____

Integración

¡A leer más!

A Read the following selection.

Simón Bolívar

Simón Bolívar es un personaje o figura muy importante en la historia de Latinoaméric
Es el gran héroe de muchos latinoamericanos.

Simón Bolívar es de Venezuela. Es de una familia noble. Él no es de Caracas. Es de un
región rural de Venezuela.

En la época de Simón Bolívar, Venezuela es una colonia de España. Como la mayoría
Latinoamérica, Venezuela no es una nación independiente. Es una colonia española.

Simón Bolívar es un señor inteligente. Las ideas de Simón Bolívar son muy liberales. F
él, Venezuela no debe ser una colonia. Debe ser un país independiente.

Y, ¿quién es el gran libertador de muchas partes de Latinoamérica? El valiente héroe
Simón Bolívar.

B Find all the cognates in this reading. Compare your list with other class members. Wh
found the most?

_____

_____

_____

_____

_____

_____

_____

_____

C Choose the main idea of this selection.

   a. Latin America has an interesting history.

   b. Simón Bolívar is from Venezuela.

   c. Simón Bolívar is the hero of many Latin Americans.

Tarea

Un(a) amigo(a)

Task Imagine that your teacher has asked you to write a paragraph in Spanish describing someone you know to put in your portfolio as part of your final grade for this semester. The paragraph should include many of the adjectives that you learned in **Capítulo 1** as well as the forms of **ser** in the present tense.

As you complete your first chapter in Spanish, you are able to write a description of a person. At this point, you cannot tell what the person does because you don't have the necessary vocabulary. So avoid this. However, you are able to tell what he or she is like. When preparing to write in Spanish, do not think of words in English. Try to think only of the words you know in Spanish. Remember what you learned about **o, a.** Be sure to use the **o** ending when describing a boy and the **a** ending as you describe a girl.

How In order to organize your ideas for the paragraph, you are to create two charts.

- First, make a list in Spanish of all the adjectives you may want to use to describe the person you've chosen to write about.

  _____

  _____

  _____

- Next, use the T-chart below to separate the words you selected into two categories: those that describe personality, and those that describe physical characteristics. This will insure that you have a complete description of the person.

personalidad	características físicas

- Now, using some of the adjectives from your T-chart, create a word web about the person you are describing.
- Put the name of the person about whom you are writing in the center circle of the web.
- In each circle attached to the center circle write a word that describes that person.
- Make sure to check the endings on each of the words you choose to be sure that they are the right gender for the nouns you are using.

  Model:

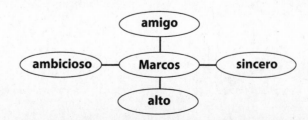

- Use the information you placed in your word web to help you write a descriptive paragraph below about the person you have chosen.
- Check your sentences for the correct forms of the verb **ser**.
- Check all words for correct spelling.
- Check all words for the correct endings.

_____

_____

_____

_____

_____

_____

_____

- Read your paragraph aloud to someone in your class or group. Ask him or her to try to identify the person you are writing about.

¿Cómo somos?

Vocabulario ①

Actividad A Listen and repeat.

Actividad B Listen and choose.

a   b   c   d   e   f

1. _____   4. _____
2. _____   5. _____
3. _____   6. _____

Actividad C Listen and choose.

	sí	no
1.	☐	☐
2.	☐	☐
3.	☐	☐
4.	☐	☐
5.	☐	☐

Actividad D Listen and answer.

Actividad E Listen and choose.

1. a   b   c
2. a   b   c
3. a   b   c
4. a   b   c

Actividad F Listen and answer.

1. *Elena* es de Chile.
2. Paco es *muy serio.*
3. Felipe es *de México.*
4. La amiga de Felipe es *Sofía.*
5. Bárbara es *norteamericana.*
6. Carlos es *guapo y gracioso.*
7. Fernando es *puertorriqueño.*
8. *El muchacho* es de México.

Vocabulario ❷

Actividad G Listen and repeat.

Actividad H Listen and choose.

1. _____   3. _____

2. _____   4. _____

Actividad I Listen and answer.

Actividad J Listen and answer.

Actividad K Listen and choose.

	sí	no
1.	☐	☐
2.	☐	☐
3.	☐	☐
4.	☐	☐
5.	☐	☐
6.	☐	☐

Actividad L Listen and choose.

1. a   b   c
2. a   b   c
3. a   b   c
4. a   b   c

Gramática

Actividad A Listen and complete.

Actividad B Listen and answer.

Actividad C Listen and choose.

	masculino	femenino
1.	☐	☐
2.	☐	☐
3.	☐	☐
4.	☐	☐
5.	☐	☐
6.	☐	☐

7. ☐   ☐

8. ☐   ☐

Actividad D Listen and choose.

	singular	plural
1.	☐	☐
2.	☐	☐
3.	☐	☐
4.	☐	☐
5.	☐	☐
6.	☐	☐
7.	☐	☐
8.	☐	☐

Actividad E Listen and choose.

	muchacho	muchacha
1.	☐	☐
2.	☐	☐
3.	☐	☐
4.	☐	☐
5.	☐	☐
6.	☐	☐
7.	☐	☐
8.	☐	☐

Actividad F Listen and choose.

	singular	plural
1.	☐	☐
2.	☐	☐
3.	☐	☐
4.	☐	☐
5.	☐	☐

Actividad G Listen and answer.

Actividad H Listen.

Actividad I Listen and choose.

	sí	no
1.	☐	☐
2.	☐	☐
3.	☐	☐
4.	☐	☐

Actividad J Listen.

Actividad K Listen and write.

> Notas
> ¿De dónde es Ricardo? _____
> ¿Dónde es alumno? _____

_____

_____

_____

_____

_____

Actividad L Look, listen, and answer.

Actividad M Listen and choose.

1. a b c
2. a b c
3. a b c
4. a b c
5. a b c
6. a b c

Actividad N Listen and repeat.

Conversación

Actividad A Listen.

Actividad B Listen and choose.

	sí	no
1.	☐	☐
2.	☐	☐

3. ☐   ☐
4. ☐   ☐
5. ☐   ☐
6. ☐   ☐
7. ☐   ☐
8. ☐   ☐

Lectura cultural

Actividad A Listen.

Actividad B Listen and write.

1. el grupo número uno de hispanohablantes en Estados Unidos

   _____

2. otro grupo importante de hispanohablantes

   _____

3. estado donde hay mucha gente de ascendencia cubana

   _____

4. el número de hispanohablantes en Estados Unidos

   _____

Lectura—Un poco más

Actividad A Listen.

Integración

¡A escuchar más!

Actividad A Listen.

Actividad B Listen and choose.

1. _____ Yo soy mexicana.
2. _____ Soy de Monterrey.
3. _____ Soy alumna en una escuela privada.
4. _____ Soy una amiga de Luis Garza.
5. _____ Soy una amiga de Luisa Grávalos.
6. _____ Luisa es una amiga ambiciosa.
7. _____ Luisa es muy inteligente.

Actividad C Write.

_____

_____

Repaso cumulativo

Actividad A Listen and choose.

	saludo	despedida
1.	☐	☐
2.	☐	☐
3.	☐	☐
4.	☐	☐
5.	☐	☐
6.	☐	☐

La familia y la casa

La familia y la casa

Vocabulario ❶

Ⓐ Here is Isabel's family tree. Write the relationship of each person to Isabel.

Isabel

Ⓑ Indicate if each statement is **verdad** or **falso**.

	verdad	falso
1. Hay muchas personas en una familia grande.	☐	☐
2. Mis padres son los nietos de mis abuelos.	☐	☐
3. Mis abuelos son los padres de mis padres.	☐	☐
4. Yo soy el (la) sobrino(a) de mis abuelos.	☐	☐
5. Los hijos de mis tíos son mis primos.	☐	☐

C Complete the dictionary.

1. mi _____: otro hijo de mi madre o de mi padre

2. mi _____: otra hija de mi madre o de mi padre

3. mi _____: el hermano de mi madre

4. mi _____: la hermana de mi padre

5. mi _____: el padre de mi madre

6. mis _____: los hijos de mis tíos

7. mis _____: mi madre y mi padre

8. los _____: hermanos que tienen la misma edad

D Complete with the appropriate words.

¿Quién soy yo? Pues, yo soy _____ de mis padres,
                                                           1

_____ de mis abuelos y _____
                      2   3

de mis tíos. Yo soy también _____ de los hijos de mis tíos.
                                                       4

E Answer, giving the relationship of the people to you.

1. ¿Quiénes son tus hermanos?

_____

2. ¿Quiénes son tus primos?

_____

3. ¿Quiénes son tus abuelos?

_____

4. Tu amigo tiene un padrastro. ¿Quién es su padrastro?

_____

5. Tu amiga tiene dos hermanastras. ¿Quiénes son sus hermanastras?

_____

F Describe the following.

1. una familia grande

_____

_____

2. una familia pequeña

_____

_____

Vocabulario ②

A Match the statement with the illustration.

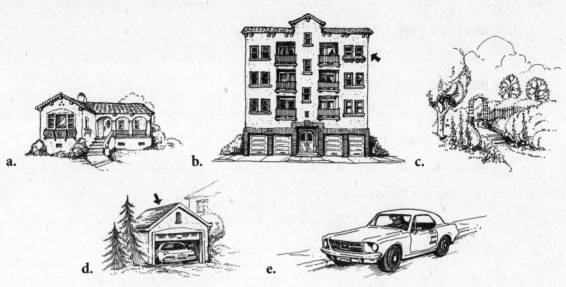

a.   b.   c.

d.   e.

1. _____ Es una casa privada.

2. _____ Es un jardín con flores y árboles.

3. _____ Hay un carro en el garaje.

4. _____ Es un edificio de apartamentos.

5. _____ El carro no es nuevo. Es viejo.

6. _____ Los apartamentos tienen un balcón.

7. _____ Hay plantas delante de la casa.

8. _____ Hay árboles al lado del garaje.

B Identify each room of the house.

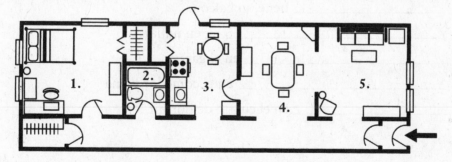

1. _____

2. _____

3. _____

4. _____

5. _____

C Correct the false statements.

1. Una casa pequeña tiene diez cuartos.

   _____

2. Hay una mesa y seis sillas en el cuarto de baño.

   _____

3. Hay una cama en el comedor.

   _____

4. Hay plantas y flores en el garaje.

   _____

5. Una casa privada tiene muchos pisos.

   _____

6. Un edificio alto tiene casas privadas.

   _____

7. Un hijo único tiene hermanos.

   _____

8. Un carro es una mascota.

   _____

D Complete with an appropriate word.

1. Una casa pequeña tiene cuatro _____ y una casa grande

   tiene diez _____.

2. Una casa privada tiene un _____ y un

   _____ tiene un balcón.

3. Hay plantas y _____ en un jardín.

4. Hay un _____ en el garaje.

5. Hay una _____ en el comedor y una

   _____ en el cuarto de dormir.

E Express the italicized words in a different way.

1. La casa tiene tres *cuartos de dormir*.

_____

2. El edificio tiene muchos *apartamentos*.

_____

3. Es un edificio *de treinta pisos*.

_____

4. Hay dos *coches* en el garaje.

_____

F Describe the following.

1. una casa privada

_____

_____

2. un apartamento

_____

_____

G Write a description of this house. Be as complete as you can.

_____

_____

_____

_____

Gramática

El verbo **tener**

A Complete with the correct form of **tener**.

Ellos _____ dos primos. Sus primos _____ una
          1   2

casa bonita en Guadalajara. Su casa _____ seis cuartos. La casa
                                                3

_____ un jardín grande también. Y sus primos _____
          4   5

un carro nuevo.

B Give personal answers. Remember to use the **yo** form of the verb.

The **yo** form of **tener** is _____.

1. ¿Cuántos años tienes?

   _____

2. ¿Tienes ojos azules, verdes o castaños?

   _____

3. ¿Tienes el pelo castaño, negro o rubio?

   _____

4. ¿Cuántos hermanos tienes?

   _____

C Complete with the correct form of **tener** and answer the question.

1. ¿_____ ustedes una casa o un apartamento?

   Nosotros _____.

2. ¿_____ ustedes una mascota?

   Nosotros _____.

3. ¿_____ ustedes una familia grande o pequeña?

   Nosotros _____.

D Complete with the correct form of **tener.**

Yo _____ dos hermanos. Mi hermano menor
    1

_____ quince años y mi hermana mayor _____
    2   3

diecinueve años. Nosotros _____ un perro adorable. Nuestro perrito
                              4

_____ solo siete meses.
    5

Y tú, ¿_____ hermanos? ¿Cuántos hermanos _____?
           6   7

¿_____ ustedes una mascota? ¿Qué _____, un perro o
    8   9

un gato?

Nosotros _____ una casa privada. La casa _____
             10   11

cuatro dormitorios. Yo _____ mi dormitorio y mis dos hermanos
                          12

_____ su dormitorio.
    13

E Answer each question.

1. ¿Cuántos años tienes?

   _____

2. ¿Tienes hermanos?

   _____

3. ¿Tienen tus hermanos un carro o una bicicleta?

   _____

4. ¿Tienen ustedes una casa privada o un apartamento?

   _____

F Form sentences using **tener.**

1. yo / una familia bastante grande

   _____

2. yo / tres hermanos

   _____

3. nosotros / un perrito

   _____

4. nuestro perrito / ocho meses

   _____

5. mi familia / un carro nuevo

   _____

G Answer each question.

1. José tiene quince años. ¿Y tú?

   _____

2. Ellos tienen una familia grande. ¿Y tu prima Luisa?

   _____

3. Ella tiene un perro. ¿Y ustedes?

   _____

4. Los padres de Luisa tienen una casa privada. ¿Y tu familia?

   _____

5. Él tiene un carro viejo. ¿Y ustedes?

   _____

Los adjetivos posesivos

A Complete with the correct possessive adjective.

1. Yo tengo dos hermanos. _____ hermano menor tiene trece años y
   _____ hermano mayor tiene diecisiete.

2. Nosotros tenemos una casa privada. _____ casa tiene un jardín.
   _____ casa tiene un garaje también. Tenemos un carro.
   _____ carro no es muy viejo.

3. Tú tienes un hermano, ¿no? ¿Cuántos años tiene _____ hermano?
   ¿_____ hermano tiene una bicicleta?

4. La familia de Maripaz tiene un departamento en Lima. _____
   departamento es grande. _____ departamento tiene un balcón. De
   _____ balcón hay una vista bonita del océano Pacífico.

B Complete with the correct possessive adjective.

1. Mi hermana y yo somos alumnos de español pero no tenemos el mismo profesor.

_____ profesor es de Cuba pero el profesor de

_____ hermana es de Estados Unidos. _____

profesor y _____ profesor también son muy simpáticos.

2. Mi hermana y yo somos alumnos en la misma clase de historia. _____

clase de historia no es muy grande pero es interesante. _____

profesora de historia es muy buena.

3. Carlos, ¿cuántos años tiene _____ hermano? Tú eres mayor que

_____ hermano pero ustedes son alumnos en la misma escuela, ¿no?

¿Es _____ escuela una escuela pública o privada?

C Answer. Use a possessive adjective in your answer.

1. ¿Cuántas personas hay en tu familia?

_____

2. Tus padres tienen un carro. ¿Es viejo o nuevo el carro de tus padres?

_____

3. Tú y tus hermanos tienen una mascota. ¿Es su mascota un perro o un gato?

_____

4. Tus tíos tienen una casa nueva. ¿Es grande o pequeña la casa de tus tíos?

_____

5. Tú y tus hermanos son alumnos en la misma escuela. ¿Es grande o pequeña su escuela?

_____

6. ¿Cuál es tu curso favorito? Y, ¿cuál es el curso favorito de tu hermano?

_____

_____

Integración

¡A leer más!

A Read the following selection.

Influencias indígenas

En muchas partes de Latinoamérica la influencia de las poblaciones indígenas es muy importante. Los indígenas son los habitantes originales o autóctonos de las Américas.

Hoy hay descendientes de los famosos mayas y aztecas en México y otras partes de Centroamérica. Los aztecas son famosos por su calendario preciso. Es un calendario solar de 365 (trescientos sesenta y cinco) días.

En Ecuador, Perú y Bolivia hay muchos descendientes de los incas.

B Find the following information.
1. tres grupos de indígenas de Latinoamérica

_____

2. tipo de calendario que tienen los indígenas de México mucho antes de la conquista de los españoles

_____

C Find all the cognates in this short reading. Compare your list with other class members. Who found the most?

_____

_____

_____

D Find words related to the following words.
1. la importancia _____
2. el origen _____
3. el sol _____
4. la fama _____

E Answer.
¿Quiénes son los indígenas?

_____

_____

A Read the following real estate advertisement.

B Complete based on the ad in Activity A.

1. _____ es una forma corta de «residencia».

2. _____ son metros cuadrados.

3. _____ es como una palabra en inglés.

C Answer based on the ad in Activity A.

1. ¿Es la Residencia La Fuente un chalet o un apartamento?

   _____

2. ¿Es un chalet una casa privada?

   _____

3. ¿Cuántas plantas o pisos tiene la casa?

   _____

4. ¿Cuántos baños y dormitorios tiene?

   _____

5. ¿Tiene cocina y salón?

   _____

6. ¿Hay un porche delante de la casa?

D Guess based on the ad in Activity A.

Sótano means _____.
   a. garden
   b. cellar
   c. roof

E Read the following real estate advertisement.

C/ ANCHA
Últimos pisos en venta,
3 dormitorios, salón comedor,
cocina, baño, terraza, plz aparc.
234.000 €

F Complete based on the ad in Activity E.

1. _____ is **calle**.

2. _____ is an abbreviation for *parking place*.

3. _____ indicates that many apartments have already been sold.

4. _____ indicates that the living and dining room are in the same room.

G Answer based on the ad in Activity E.

1. ¿Cuántos dormitorios tiene?

   _____

2. ¿Es un apartamento o una casa privada?

   _____

3. ¿Tiene una terraza, un porche o un jardín?

   _____

H Compare the rooms from the ads in Activities A and E.

Res. La Fuente	C/ Ancha

Tarea

La casa

Task Your father has been given a great promotion at his job in a city too far away for him to commute. Your family will have to sell your house and find another in your new location. Your father wants to try to sell the house privately. Since you have had some experience writing advertisements for your high school newspaper, he has asked for your help. There are many Spanish speakers in the community, so he has asked you to write the ad in Spanish. Because the housing market is very weak, the advertisement should be colorful, clear, and very attractive to people who may be looking to buy.

- Create an advertisement similar to those you worked with on page 82 of your textbook so that the house sells quickly and at the right price. Include a detailed picture of the house and any information that you think is important to a buyer.

How Use the diagram below to help organize your ideas.

Use this information to help you write the advertisement about your house.

- Check your sentences for the correct verb forms.
- Check all words for correct spelling.
- Check all words for the correct endings.

You may use the next page to lay out your ad.

La familia y la casa

Vocabulario ❶

Actividad A Listen and repeat.

Actividad B Listen and choose.

	correcto	incorrecto
1.	☐	☐
2.	☐	☐
3.	☐	☐
4.	☐	☐
5.	☐	☐
6.	☐	☐
7.	☐	☐
8.	☐	☐

Actividad C Listen and choose.

	sí	no
1.	☐	☐
2.	☐	☐
3.	☐	☐
4.	☐	☐
5.	☐	☐
6.	☐	☐
7.	☐	☐

Actividad D Listen and answer.

Vocabulario ❷

Actividad E Listen and repeat.

Actividad F Listen and choose.

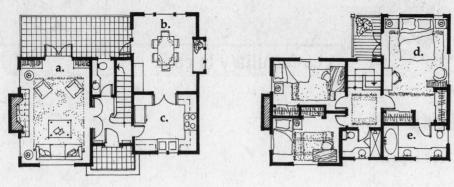

1. _____   4. _____

2. _____   5. _____

3. _____

Actividad G Listen and choose.

	sí	no
1.	☐	☐
2.	☐	☐
3.	☐	☐
4.	☐	☐
5.	☐	☐
6.	☐	☐
7.	☐	☐
8.	☐	☐
9.	☐	☐
10.	☐	☐

Actividad H Listen and choose.

1. a b c   4. a b c

2. a b c   5. a b c

3. a b c

Gramática

Actividad A Listen.

Actividad B Listen and repeat.

Actividad C Listen and speak.

Actividad D Listen and choose.

1. _____   **a.** talking about myself
2. _____   **b.** talking about myself and a friend
3. _____   **c.** speaking to a friend
4. _____   **d.** talking about someone
5. _____   **e.** speaking to an adult
6. _____   **f.** talking about two or more people
7. _____   **g.** speaking to two or more people

Actividad E Listen and choose.

1. a b c
2. a b c
3. a b c
4. a b c

Actividad F Listen and choose.

1. a b
2. a b
3. a b
4. a b
5. a b

Actividad G Listen and answer.

Actividad H Listen and repeat.

Conversación

Actividad A Listen.

Actividad B Listen and repeat.

Actividad C Listen and choose.

1. **a.** un hermano
   b. tres hermanos
2. **a.** bastante pequeña
   b. bastante grande

3. **a.** su hermana mayor
   b. su hermana menor
4. **a.** de Maricarmen
   b. de Federico

Lectura cultural

Actividad A Listen.

Actividad B Listen and write.

1. number of children in the Morales family _____

2. capital of Ecuador _____

3. What is **un colegio?** _____

4. Do the Morales have a house or an apartment? _____

Lectura—Un poco más

Actividad A Listen.

Integración

¡A escuchar más!

Actividad A Listen.

Actividad B Listen and choose.

1. Cotacachi   Quito

2. Colombia   Ecuador

3. alumno   profesor

4. un colegio   una universidad

5. cuatro   seis

6. matemáticas   ciencias

Repaso cumulativo

Actividad A Listen and choose.

	sí	no
1.	☐	☐
2.	☐	☐
3.	☐	☐
4.	☐	☐
5.	☐	☐
6.	☐	☐

CAPÍTULO
3

En clase y después

Workbook and Audio Activities

CAPÍTULO 3

En clase y después

Vocabulario ❶

A Choose a word from the **banco de palabras** to complete each sentence.

enseñan	estudian	sacan	hablan	prestan
levantan	toman	llevan	contestan	

1. Los alumnos _____ mucho. Son muy ambiciosos.

2. Ellos _____ atención en clase.

3. Ellos _____ la mano si tienen una pregunta.

4. Los profesores _____ sus preguntas.

5. Los profesores _____.

6. Los alumnos _____ español en la clase de español.

7. Ellos _____ un examen. El examen es difícil.

8. Los muchachos _____ una camisa y un pantalón.

B Put an X next to the activities you do during class.

1. _____ estudiar

2. _____ enseñar

3. _____ prestar atención

4. _____ dar un examen

5. _____ tomar un examen

C Indicate if the statement makes sense or not.

	sí	no
1. Un alumno bueno presta atención cuando el profesor habla.	☐	☐
2. Un alumno malo saca notas altas.	☐	☐
3. Los alumnos estudian y la profesora enseña.	☐	☐
4. El alumno levanta la mano cuando contesta una pregunta.	☐	☐
5. Una camisa y un pantalón son materiales escolares.	☐	☐
6. Un bolígrafo, un cuaderno y los lápices son materiales escolares.	☐	☐

D Complete with an appropriate word.

1. Él levanta la _____ cuando tiene una

_____ .

2. Ellos prestan _____ cuando su

_____ habla.

3. _____ enseña y _____

estudian.

4. El profesor _____ los exámenes y el alumno

_____ los exámenes.

5. Una nota _____ es una nota alta y una nota

_____ es una nota baja.

6. Los muchachos llevan _____ y

_____ .

7. Y las muchachas llevan _____ y

_____ .

8. Los alumnos llevan sus materiales escolares en _____ .

E Make a list of things that fit in each category.

lo que lleva un muchacho	lo que lleva una muchacha	materiales escolares
_____	_____	_____
_____	_____	_____
_____	_____	_____
_____	_____	_____
_____	_____	_____

F Answer each question.

1. ¿Quiénes toman exámenes en la clase?

   ———————————————————————————————

2. ¿Quiénes sacan notas buenas?

   ———————————————————————————————

3. ¿Quiénes hablan español en la clase de español?

   ———————————————————————————————

   ———————————————————————————————

4. ¿Quiénes dan los exámenes en la escuela?

   ———————————————————————————————

5. ¿Quiénes contestan preguntas?

   ———————————————————————————————

6. ¿Quiénes prestan atención al profesor?

   ———————————————————————————————

7. ¿Cuándo prestan ellos atención?

   ———————————————————————————————

8. ¿Quiénes levantan la mano?

   ———————————————————————————————

9. ¿Cuándo levantan ellos la mano?

   ———————————————————————————————

   ———————————————————————————————

Vocabulario 2

A Choose where each activity takes place. Sometimes it may be two places.

	en casa	en la escuela	en la tienda
1. Compra una camisa nueva.	☐	☐	☐
2. Escucha al profesor.	☐	☐	☐
3. Escucha su CD favorito.	☐	☐	☐
4. Paga en la caja.	☐	☐	☐
5. Envía correos electrónicos.	☐	☐	☐
6. Navega la red.	☐	☐	☐
7. Pregunta: ¿Cuánto cuesta?	☐	☐	☐

B Choose the correct word.

1. Navega (la red, la calculadora).

2. Tiene sus materiales escolares en su (carpeta, mochila).

3. La empleada (trabaja, paga) en la tienda.

4. Ellos miran (un CD, un DVD).

5. Él habla en su (carpeta, móvil).

C Put the following sentences in order.

1. _____   **a.** Ella busca una carpeta.

2. _____   **b.** Ella necesita materiales escolares.

3. _____   **c.** Ella mira varias carpetas.

4. _____   **d.** Ella va a la tienda.

5. _____   **e.** Ella va a la caja.

6. _____   **f.** Ella compra una carpeta.

7. _____   **g.** Ella paga.

D Complete with an appropriate word.

1. Después de las clases, los alumnos _____ a casa.

2. No toman el bus escolar. Van _____.

3. Su casa no está lejos de la escuela. Está _____.

4. En la tienda él paga en la _____. Él paga con

   _____.

5. Ella usa _____ cuando navega

   _____.

6. Él no usa el teléfono. Usa su _____ cuando habla
   con sus amigos.

E Make up a sentence using each of the following words.

1. necesita

_____

2. va

_____

3. busca

_____

4. escucha

_____

5. navega

_____

6. habla

_____

7. envía

_____

8. usa

_____

Gramática

Presente de los verbos en **-ar**

A Choose the correct verb form.

1. Él (estudia, estudian) mucho.

2. Yo (hablo, hablamos) español.

3. Nosotros (miran, miramos) un DVD.

4. La profesora (enseñas, enseña) bien.

5. Tú (trabajas, trabaja) mucho.

6. ¿Cuánto (pagas, pagan) ustedes?

7. Yo (envía, envío) muchos correos electrónicos.

8. Ellas siempre (navegas, navegan) la red.

B Put the correct verb ending on each stem.

1. Yo habl_____.

2. Tú mir_____.

3. Usted regres_____.

4. Él enseñ_____.

5. Ella trabaj_____.

6. Nosotros contest_____.

7. Ustedes escuch_____.

8. Ellos tom_____.

9. Ellas estudi_____.

C Complete with the correct form of the indicated verb.

1. Nosotros _____ mucho en la clase de español. (hablar)

2. Yo _____ la mano y la profesora

_____ mi pregunta. (levantar, contestar)

3. Yo _____ atención cuando la profesora

_____. (prestar, hablar)

4. ¿Tú _____ el bus escolar a casa? (tomar)

5. Yo _____ la red y ellos

_____ en su móvil. (navegar, hablar)

6. Ustedes no _____ uniforme a la escuela. (llevar)

7. Nosotros _____ nuestros materiales escolares en una mochila. (llevar)

8. ¿En qué tienda _____ tú? (trabajar)

D Form sentences with the following. Give as much information as possible.

1. yo / hablar

_____

2. él / comprar

_____

3. la profesora / enseñar

_____

4. ustedes / tomar

_____

5. nosotros / sacar

_____

6. Pablo y Elena / estudiar

_____

7. yo / regresar

_____

8. tú / buscar

_____

E Choose the correct answer and circle the corresponding letter.

1. ¿Hablan ustedes español?
   a. Sí, hablan español.
   b. Sí, hablamos español.
   c. Sí, hablas español.

2. ¿Necesitas mucho dinero?
   a. No, no necesito mucho dinero.
   b. No, ustedes no necesitan mucho dinero.
   c. No, no necesitas mucho dinero.

3. ¿Dónde busca Elena la información?
   a. Buscan la información en el Internet.
   b. Busca la información en el Internet.
   c. Busco la información en el Internet.

4. Ellos estudian mucho, ¿no?
   a. Sí, estudias mucho.
   b. Sí, estudian mucho.
   c. Sí, estudiamos mucho.

5. ¿Cuándo regresan ustedes a casa?
   a. Ustedes regresan después de las clases.
   b. Regresan después de las clases.
   c. Regresamos después de las clases.

Los verbos **ir, dar, estar**

A Answer each question based on the illustration.

¿Adónde vas?

1. _____

_____

¿Cómo vas?

2. _____

_____

¿Cómo vas?

3. _____

_____

¿Dónde estás?

4. _____

_____

B Choose the correct verb form to complete each sentence.

voy	vas	va	vamos	van

Yo _____ y él _____ también. Pero no _____ juntos. Él
    1   2   3

_____ a pie y yo _____ en el bus. Pero, ¿adónde _____ ustedes?
    4   5   6

Nosotros _____ a la escuela. _____ a la misma escuela. Es interesante.
            7   8

Ustedes _____ a la misma escuela pero uno _____ a pie y el otro
            9   10

_____ en el bus. José, ¿por qué no _____ tú a pie también? ¿Eres
    11   12

perezoso?

C Answer each question.

1. ¿Cómo vas a la escuela por la mañana?

_____

2. ¿Está cerca o lejos de la escuela tu casa?

_____

3. Cuando estás en la escuela, ¿hablas mucho con tus amigos?

_____

4. Cuando ustedes hablan con el/la profesor(a), ¿están ustedes en la sala de clase o en el patio de la escuela?

_____

5. ¿Da muchos exámenes tu profesor(a) de español?

_____

D Complete with the correct form of the indicated verb.

1. —¡Hola, José! ¿Cómo _____? (estar)

   —_____ bien. (estar)

2. —¿Adónde _____, amigo? (ir)

   —_____ a la tienda. (ir)

3. —¿ _____ a la tienda? (ir)

   Yo _____ también. (ir)

   —¿Por qué no _____ juntos? (ir)

   —¡Buena idea!

4. —¿Dónde _____ la empleada? (estar)

   —_____ en la caja. (estar)

5. —Ahora aquí _____ nosotros en la caja. (estar)

   —Y, ¿dónde _____ ella? (estar)

Las contracciones **al** y **del**

A Choose the correct completion and circle the corresponding letter.

1. Voy _____ gimnasio.
   a. al   **b.** a   **c.** a la   **d.** del

2. ¿Vas _____ clase de español ahora?
   a. al   **b.** a la   **c.** a los   **d.** a las

3. Es el amigo _____ hermana de Pablo.
   a. de las   **b.** del   **c.** de los   **d.** de la

4. Es el carro _____ señores Gómez.
   a. del   **b.** a los   **c.** de los   **d.** al

5. El garaje está _____ lado de la casa.
   a. a la   **b.** al   **c.** del   **d.** a los

6. La bicicleta _____ amigo de mi hermano está en el garaje.
   a. al   **b.** del   **c.** de la   **d.** a los

B Complete with the correct preposition.

1. Vamos _____ gimnasio y después vamos _____ auditorio.

2. Vamos _____ escuela y después _____ clases vamos _____ tienda.

3. El jardín está detrás _____ casa.

4. Voy _____ tienda y doy el dinero _____ empleado.

C Make up sentences using **Yo voy a.**

clase de historia	laboratorio	tienda	gimnasio	montañas

1. _____

2. _____

3. _____

4. _____

5. _____

D Complete with the **a personal** when necessary.

1. Él lleva _____ su hermanito a la escuela.

2. Los alumnos escuchan _____ profesor.

3. Miramos _____ la televisión y navegamos _____ el Internet.

4. La profesora enseña _____ sus alumnos.

5. Ella contesta _____ la pregunta.

6. Necesito _____ mis padres.

Integración

¡A leer más!

A Read the following selection about schools in Spain and Latin America.

Notas o calificaciones

Los alumnos en Estados Unidos y los alumnos en España y Latinoamérica—todos sacan notas. Pero a veces son notas muy diferentes. Por ejemplo en muchas escuelas estadounidenses la nota es a veces un número—de cero a cien, por ejemplo, o una letra de F a A. Una nota o calificación de B es muy buena y una de 70 no es muy buena.

En muchas escuelas latinoamericanas las notas son números también. Pero el sistema varía mucho. Por ejemplo, en unas escuelas las notas van de cero a siete; en otras de cero a diez y en otras de cero a veinte. Varía de país en país.

A veces, sobre todo en España, la nota o calificación no es un número y no es una letra. Es una palabra—un comentario del profesor. Aquí los tienes.

Sobresaliente	**Aprobado o regular**
Bueno o notable	**Suspenso, desaprobado, insuficiente, cate**

Cursos, materias o asignaturas

Por lo general los alumnos o estudiantes en los institutos de educación secundaria en los países hispanos toman más cursos en un semestre que los alumnos estadounidenses. Aquí tomamos por lo general cuatro cursos académicos, ¿no? Y, a veces tomamos cinco. En España o Latinoamérica los alumnos toman seis o siete. Pero todos los cursos, aun los cursos académicos, no son diarios. Unos son dos o tres veces a la semana.

Hay otra diferencia interesante. Cuando los alumnos estadounidenses estudian un curso de matemáticas, toman un curso de álgebra y otro curso de geometría. En ciencias tienen un curso de biología y otro de química. En España y Latinoamérica los cursos son generalmente más interdisciplinarios. El curso lleva el título de «Matemáticas 1» y en el mismo curso hay álgebra, geometría, trigonometría y más tarde cálculo. En el mismo curso de ciencias hay unidades sobre biología, física y química.

B Give one or more terms that mean the same as each of the following.

1. una nota _____

2. el alumno _____

3. una opinión _____

4. excelente _____

5. bueno _____

6. regular _____

7. insuficiente _____

8. el curso _____

9. establecimientos educativos (educacionales) _____

C Match expressions that mean the same thing.

1. _____ de Estados Unidos   **a.** por lo general, en general

2. _____ varía   **b.** diario

3. _____ sobre todo   **c.** interdisciplinario

4. _____ generalmente   **d.** estadounidense

5. _____ instituto secundario   **e.** estudiantes

6. _____ de todos los días   **f.** cambia

7. _____ alumnos secundarios o universitarios   **g.** unidades

8. _____ una combinación de materias   **h.** especialmente

9. _____ lecciones, capítulos   **i.** una escuela secundaria

A Look at the grade card.

sep SISTEMA EDUCATIVO NACIONAL
EDUCACIÓN SECUNDARIA
BOLETA DE EVALUACIÓN 2008-2009
2° grado

ESCUELA: __GENERAL ANDRÉS S. VIESCA__

ALUMNO: __CARLOS MANUEL__
NOMBRE

__TRUJILLO__   __SANZ__
PRIMER APELLIDO   SEGUNDO APELLIDO

__JOSE SANTOS ORTIZ__ _Jose Santos Ortiz_
NOMBRE Y FIRMA DEL DIRECTOR

__SALTILLO, COAHUILA__
LUGAR DE EXPEDICIÓN

FECHA | 10 | 07 | 2008 |
DÍA   MES   AÑO

B Complete based on the grade card in Activity A.

1. el nombre del alumno _____

2. el nombre de la escuela _____

3. el director de la escuela _____

C Answer each question.

1. What term on this form means *report card*? _____

2. Where is the school? _____

A Look at the grades.

ASIGNA-TURAS / MESES	CALIFICACIONES							
	ESPAÑOL	MATEMÁTICAS	CIENCIAS NATURALES	HISTORIA	GEOGRAFÍA	EDUCACIÓN CÍVICA	EDUCACIÓN ATLÉTICA	EDUCACIÓN FÍSICA
ENERO FEBRERO	7	8	5	8	6	8	9	9
MARZO ABRIL	8	9	7	8	7	9	10	9
MAYO JUNIO JULIO	8	9	9	9	6	9	10	9
CALIFICACIÓN FINAL	7.6	8.6	7.0	8.3	6.3	8.6	9.6	9.0

RESULTADO DE LA EVALUACIÓN

PROMEDIO GENERAL ANUAL   8.1   OCHO   PUNTO   UNO

PROMOVIDO (X)   NO PROMOVIDO ( )

B Answer each question.

1. What word is used instead of **notas?** _____

2. What word means *average?* _____

3. What word means *promoted?* _____

C Answer each question.

1. ¿Cuáles son los cursos que toma el alumno? _____

   _____

2. En la escuela, ¿cuál es una nota o calificación alta para Carlos Manuel? _____

3. Y, ¿cuál es una nota baja? _____

4. ¿Qué promedio tiene Carlos Manuel? _____

A Read the advertisement for **Cursos de inglés**.

Cursos de inglés

- **Profesores nativos** muy cualificados
- Todos los niveles
- Individual o en grupo
- **Cursos intensivos** y anuales (conversación y gramática)
- Clases de conversación
- A diario y/o **sábados**
- **Descuentos a grupos**: ¡ Trae a tus amigos !

También ofrecemos cursos de,
alemán, francés, holandés, japonés,
chino y español para extranjeros.

B Indicate how the ad expresses the following information.

1. profesores que tienen buenas calificaciones _____

2. cursos para principiantes y alumnos avanzados _____

3. clases todos los días _____

4. cursos para una sola persona o muchas personas _____

C Make a list of the languages the school teaches.

_____   _____

_____   _____

_____   _____

Tarea

¿Quieres trabajar?

Task You need to find a job for after school and weekends to help save money for college tuition. The idea is really not appealing to you, but you know it is important that you start to save some money. So you have decided to try to focus specifically on the kinds of jobs you might enjoy instead of taking something that you probably would not like. You are going to design a want ad advertising yourself in hoping that an employer will contact you. Since you know that knowledge of Spanish is a marketable skill, you decide to demonstrate your abilities by writing the ad in Spanish.

- On page 114 of your textbook is a want ad advertising a job at an amusement park. Use it to help you decide on the kind of information you want to include in your ad.

How Use the diagram below to organize your information before you actually start to write.

- In the center box write the name and draw a picture of the job you would like. In each connected box include a piece of important information. Some suggestions are given.

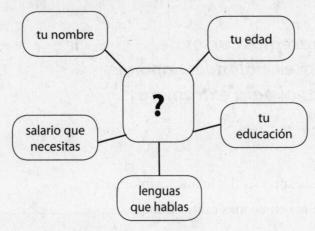

Use this information to help you write the advertisement.

- Check your sentences for the correct verb forms.
- Check all words for correct spelling.
- Check all words for the correct endings.

En clase y después

Vocabulario ❶

Actividad A Listen and repeat.

Actividad B Listen and choose.

1. _____
2. _____
3. _____
4. _____
5. _____

Actividad C Listen and choose.

	sí	no
1.	☐	☐
2.	☐	☐
3.	☐	☐
4.	☐	☐
5.	☐	☐
6.	☐	☐

Actividad D Listen and choose.

1. a b
2. a b
3. a b
4. a b
5. a b

Vocabulario ❷

Actividad E Listen and repeat.

Actividad F Listen and choose.

	antes de las clases	durante las clases	después de las clases
1.	☐	☐	☐
2.	☐	☐	☐
3.	☐	☐	☐
4.	☐	☐	☐
5.	☐	☐	☐
6.	☐	☐	☐
7.	☐	☐	☐
8.	☐	☐	☐

Actividad G Listen and choose.

	sí	no			sí	no
1.	☐	☐		6.	☐	☐
2.	☐	☐		7.	☐	☐
3.	☐	☐		8.	☐	☐
4.	☐	☐		9.	☐	☐
5.	☐	☐		10.	☐	☐

Actividad H Listen and choose.

a. porque estudia mucho
b. porque el profesor habla
c. porque tiene una pregunta
d. porque necesita materiales escolares
e. porque tiene que pagar
f. porque su casa está lejos

Gramática

Actividad A Listen and choose.

1. _____ **a.** I am speaking to a friend.
2. _____ **b.** I am talking about someone else.
3. _____ **c.** I am talking about myself.
4. _____ **d.** I am talking about myself and others.
5. _____ **e.** I am speaking to several friends.
6. _____ **f.** I am talking about several people.

Actividad B Listen and answer.

Actividad C Listen and speak.

Actividad D Listen and answer.

Actividad E Listen and choose.

1. a   b   c
2. a   b   c
3. a   b   c
4. a   b   c

5. a   b   c
6. a   b   c
7. a   b   c

Actividad F Listen and speak.

Actividad G Listen and answer.

Actividad H Listen and speak.

Actividad I Listen and choose.

1. a   b   c
2. a   b   c
3. a   b   c
4. a   b   c
5. a   b   c

Actividad J Listen and answer.

Actividad K Listen and repeat.

Conversación

Actividad A Listen.

Actividad B Listen and repeat.

Actividad C Listen and choose.

	sí	no
1.	☐	☐
2.	☐	☐
3.	☐	☐
4.	☐	☐
5.	☐	☐
6.	☐	☐
7.	☐	☐
8.	☐	☐

Lectura cultural

Actividad A Listen.

Actividad B Listen and write.

unas características de las escuelas en Perú _____

_____

lo que llevan y no llevan los alumnos a la escuela _____

_____

otras palabras que significan «escuela secundaria» _____

_____

Lectura—Un poco más

Actividad A Listen.

Integración

¡A escuchar más!

Actividad A Listen.

Actividad B Listen and choose.

a   b   c

Actividad C Listen and answer.

_____

Actividad D Listen and answer.

_____

Repaso cumulativo

Actividad A Listen and choose.

	Felipe	Carlos	Ana	Mari	Diego	Sara
1.	☐	☐	☐	☐	☐	☐
2.	☐	☐	☐	☐	☐	☐
3.	☐	☐	☐	☐	☐	☐
4.	☐	☐	☐	☐	☐	☐
5.	☐	☐	☐	☐	☐	☐
6.	☐	☐	☐	☐	☐	☐

¿Qué comemos y dónde?

¿Qué comemos y dónde?

Vocabulario ❶

A Put the following foods in the correct category. Keep in mind that some can fit into more than one category.

los huevos	la pizza	el flan	un sándwich de queso	un pescado
papas fritas	el café	la leche	el helado	el pollo
una hamburguesa	el tocino	el agua	una ensalada de lechuga y tomates	
el jugo de naranja	el pan tostado	una cola		

desayuno: _____

_____

_____

almuerzo: _____

_____

_____

cena: _____

_____

_____

postre: _____

_____

_____

bebida fría: _____

_____

_____

bebida caliente: _____

_____

_____

B Circle the statement in each pair that makes sense.

1. **a.** Tengo hambre. Voy a comer algo.

   b. Tengo hambre. Voy a beber algo.

2. **a.** Para el desayuno tomamos una ensalada y una cola.

   b. Para el desayuno tomamos cereal y un vaso de jugo de naranja.

3. **a.** Durante la semana, de lunes a viernes, tomamos el almuerzo en casa.

   b. Durante la semana, de lunes a viernes, tomamos el almuerzo en la cafetería de la escuela.

4. **a.** La tarta es un postre delicioso.

   b. La tarta es una comida deliciosa.

5. **a.** La muchacha come un bocadillo de jamón y queso.

   b. La muchacha come un bocadillo de pizza.

C Write a menu for the following meals.

D Complete based on your own preferences.

1. Mi postre favorito es _____.

2. Mi bebida caliente favorita es _____.

3. Mi bebida fría favorita es _____.

4. Mi desayuno favorito es _____.

5. Mi legumbre favorita es _____.

E Correct any false statements.

1. El pollo es un pescado.

   _____

2. La lechuga es una fruta.

   _____

3. El queso y la mantequilla son productos de leche—productos lácteos.

   _____

4. La muchacha bebe una taza de chocolate frío.

   _____

5. Una gaseosa es una comida.

   _____

6. Un postre tiene lechuga y tomates.

   _____

7. Los huevos son buenos para la cena.

   _____

8. Él come un vaso de agua.

   _____

9. La naranja es una legumbre.

   _____

10. Tomás come una hamburguesa porque tiene sed.

    _____

F Write an original sentence with each of the following. Give as much information as possible.

1. toma

   _____

2. come

   _____

3. bebe

   _____

4. vive

   _____

5. recibe

   _____

6. cena

   _____

Vocabulario ❷

Ⓐ Circle the word in each group that does not belong.

1. batidos   refrescos   jugos tropicales   empanadas
2. tapas   meriendas   desayuno   antojitos
3. aceitunas   albóndigas   postres   tostones
4. huevos   mesero   menú   orden

Ⓑ Choose the word being defined from the **banco de palabras**.

libre	el menú	el mesero	un refresco	el café
la naranja	una merienda			

1. una fruta tropical _____
2. una lista de comidas _____
3. lugar donde tomamos un refresco o una merienda _____
4. persona que trabaja en un café _____
5. no ocupado _____
6. una cola o gaseosa _____
7. tapas o antojitos _____

Ⓒ Complete with an appropriate word.

1. Los _____ de jugos tropicales son deliciosos.
2. Hay agua mineral con _____ y sin
   _____. El agua mineral sin
   _____ es agua natural.
3. Los _____ y las _____
   tienen (llevan) carne.
4. María tiene hambre y toma _____ en el café.
5. Carlos tiene sed y toma _____ en el café.
6. La muchacha está en el café. Ella _____ el menú y el
   mesero _____ su orden.
7. Ella come en el café y luego paga _____.
8. La mesa no está libre. Está _____.

D Put the following in order.

1. _____   **a.** Lee el menú.

2. _____   **b.** Anita va al café.

3. _____   **c.** Da su orden al mesero.

4. _____   **d.** Abre el menú.

5. _____   **e.** Busca una mesa libre.

6. _____   **f.** El mesero escribe la orden.

7. _____   **g.** Anita come.

8. _____   **h.** Anita paga su cuenta.

9. _____   **i.** Anita desea su cuenta.

10. _____   **j.** El mesero da la cuenta a Anita.

E Complete the conversation.

En el café

Mesero   Sí, señores, ¿qué _____ ustedes?
                                            1

Anita   ¿Tiene usted un _____?
                                            2

Tomás   Yo tengo sed. Deseo _____.
                                            3

Anita   Y yo tengo hambre. Deseo _____.
                                            4

            (Tomás toma _____ y Anita toma
                                            5

            _____.)
                        6

            (Después)

Tomás   Mesero, la _____, por favor. Deseo pagar.
                                            7

Gramática

Presente de los verbos en **-er, -ir**

A Complete.

Verbs that end in **-er** and **-ir** have the same endings in all forms except **nosotros**. The **nosotros** ending for **-er** verbs is _____ and the **nosotros** ending for **-ir** verbs is _____.

B Complete with the correct endings.

1. Yo viv_____ en California y asist_____ a una escuela secundaria. Yo aprend_____ mucho en la escuela.

2. Nosotros no viv_____ en California. Viv_____ en Texas y asist_____ a una escuela secundaria en Texas. Aprend_____ mucho. Y recib_____ notas buenas.

3. Carlos va al café. En el café él v_____ una mesa libre y v_____ al mesero. Él abr_____ el menú y le_____. Él tien_____ hambre y com_____ una hamburguesa con papas fritas.

4. Ellos están en un restaurante mexicano. Le_____ el menú. El menú es en español pero ellos comprend_____ el menú porque aprend_____ español en la escuela. Ellos tien_____ hambre y com_____ tacos de carne y enchiladas de queso. Tien_____ sed también y beb_____ un batido.

C Rewrite with the new subject.

1. Vivo en Nueva York.

Nosotros _____.

2. Ellos aprenden español. En clase ellos leen y escriben mucho. Y reciben notas buenas.

Nosotros _____

_____

_____

3. Veo una mesa libre.

Carlos _____.

4. Leo el menú.

Carlos _____.

5. Yo abro el menú y leo el menú.

Carlos y yo _____.

6. Comprende lo que aprende.

Ellos _____.

D Answer each question.

1. ¿Qué comes cuando tienes hambre?

_____

2. ¿Qué beben ustedes cuando tienen sed?

_____

3. ¿Qué aprenden los alumnos en la escuela?

_____

4. ¿Dónde viven ustedes?

_____

5. ¿Lees tus correos electrónicos?

_____

6. En el café si los amigos ven una mesa libre, ¿toman la mesa?

_____

7. ¿A qué escuela asisten ustedes?

_____

8. Durante la semana, ¿dónde comen ustedes?

_____

E Make up sentences using elements from each column.

yo	comer	la televisión
nosotros	beber	una composición
tú	vivir	un libro
él	asistir	una merienda
ustedes	leer	a la escuela
Carlos y yo	escribir	un refresco
ellos	ver	aquí

_____

_____

_____

_____

_____

_____

_____

Expresiones con el infinitivo

A Indicate if each statement makes sense or not.

	sí	no
1. Tenemos que comer porque acabamos de comer.	☐	☐
2. No vamos a comer porque acabamos de comer.	☐	☐
3. Va a beber algo porque tiene sed.	☐	☐
4. Tiene que estudiar mucho porque desea asistir a la universidad.	☐	☐
5. No va a estudiar porque tiene que recibir notas buenas.	☐	☐
6. Acabo de regresar a casa y voy a leer mis correos electrónicos.	☐	☐

B Complete each sentence.

1. Yo _____ que estudi_____ mucho.

2. Él _____ a com_____ algo.

3. Nosotros _____ de tom_____ un examen.

4. Tú _____ que recib_____ notas buenas.

5. Yo _____ de aprend_____ algo nuevo.

6. Ellos _____ que est_____ aquí.

7. ¿Ustedes _____ a viv_____ en España?

8. Nosotros _____ de recib_____ una sorpresa.

C Write sentences that explain the following.

1. what you have to do to receive good grades _____

_____

2. what Elena is going to do because she needs information _____

_____

3. what many students in Latin America have to wear to school _____

_____

4. what you are not going to do because you just did it _____

_____

5. what your friends don't have to do because they just did it _____

_____

6. what you aren't going to do and don't have to do because you just did it _____

_____

Integración

¡A leer más!

A Read the following selection about a special birthday celebration.

Celebración para una quinceañera

Hoy es un día muy importante para Marta Otero. Ella cumple quince años y su familia va a dar una gran fiesta en honor de la quinceañera. Todos los amigos y amigas de la muchacha asisten a la fiesta.

Durante la fiesta hay una gran comida. Todos los invitados comen y beben mucho. Con frecuencia un(a) pariente de la quinceañera lee un poema en su honor. A veces el/la pariente escribe el poema que lee y a veces lee un poema de un autor famoso. Los hispanos o latinos son muy aficionados a (*fond of*) la poesía.

Durante la fiesta la quinceañera recibe muchos regalos. A veces los regalos son extraordinarios—como un viaje a Estados Unidos. Y si la quinceañera vive en Estados Unidos es a veces un viaje a Latinoamérica o a Europa.

B Choose the correct completion or answer.

1. La quinceañera es _____.

   a. una celebración

   b. una fiesta en honor de los quince años

   c. una muchacha que hoy cumple quince años

2. «Asisten a la fiesta» significa _____.

   a. dan asistencia durante la fiesta

   b. insisten en la fiesta

   c. van a la fiesta

3. ¿Cuál es la respuesta correcta?

   a. Los parientes de la muchacha son su madre y su padre.

   b. Los parientes de la muchacha son todos los miembros de su familia—sus primos, tíos y abuelos.

C Answer based on the reading.

1. ¿Cuál es la frase en la lectura que expresa, «durante la fiesta todos comen muy bien»?

   _____

2. Contrasta una costumbre latina con una costumbre norteamericana.

   _____

   _____

A Read the following selection to learn something about doing arithmetic in Spanish.

La aritmética

A veces cuando vas a un café o restaurante tienes que resolver unos problemas aritméticos. Tienes que determinar cuánto tienes que pagar cuando recibes la cuenta. Claro que el total ya está en la cuenta pero a veces tienes que verificar si está correcto o no. Si no está incluido el servicio y deseas dar una propina al mesero tienes que decidir cuánto vas a dejar. Para resolver estos problemas tienes que sumar y dividir.

Aquí tienes unos términos aritméticos importantes.

sumar dos y dos
   Dos y dos son cuatro.

restar dos de cinco
   Cinco menos dos son tres.

multiplicar tres por cinco
   Tres por cinco son quince.

dividir veinte entre cinco
   Veinte entre cinco son cuatro.

El 10 por ciento de 150 pesos son 15 pesos porque 150 dividido por 10 son 15.

B Answer based on the reading.

   1. How do you say the following in Spanish?

   a. solve some problems _____

   b. arithmetical _____

   c. total _____

   d. to leave a tip _____

   2. What letter does the word **problema** end in? _____

   Almost all nouns that end in -**a** are what gender? _____
   However, the article says **resolver** *unos* **problemas aritméticos**. Therefore, what gender is

   problema? _____
   Yes, it's masculine—**el problema. Problema** is an irregular noun because it ends in -**a** but it's masculine.

C Solve the following problems. Write them out in Spanish.

1. $2 + 2 = 4$

   _____

2. $14 + 6 = 20$

   _____

3. $30 - 8 = 22$

   _____

4. $20 - 4 = 16$

   _____

5. $4 \times 4 = 16$

   _____

6. $8 \times 3 = 24$

   _____

7. $27 \div 9 = 3$

   _____

8. $80 \div 4 = 20$

   _____

A   Read the following menu.

SÁNDWICHES
RECIÉN HECHOS

SÁNDWICHES ESPECIALES

QUESO CON NUEZ
pan blanco, queso fundido, margarina vegetal y nueces

QUESO CON TOMATE
pan blanco, queso fundido con tomate concentrado y margarina vegetal

QUESO CON ANCHOAS
pan blanco, queso fundido, anchoas, huevo cocido, margarina vegetal y pimento rojo

QUESO BATIDO
pan blanco, queso azul, queso fúndido y margarina vegetal

BACON CON HUEVO
pan integral, bacon crujiente, huevo cocido, mayonesa y mostaza

GAMBAS
pan integral, gambas cocidas, queso blanco, mayonesa y limón

2,66€

SÁNDWICHES ESPECIALES

SALMÓN AHUMADO
pan integral, salmón ahumado, huevo cocido, mayonesa, cebollas, pepinillos y alcaparras en vinagre

FOIE-GRAS
pan blanco y foie-gras

ATÚN CON MAÍZ
pan integral, atún en aceite, maíz y salsa rosa

 **POLLO**
pan nutricional, pollo asado, lechuga, apio, aceitunas, zanahoria, lombarda, escarola y salsa ligera

JAMÓN COCIDO
pan blanco, jamón cocido y margarina vegetal

JAMÓN SERRANO
pan blanco, jamón curado y margarina vegetal

2,66€

30% MENOS EN CALORÍAS
MÁS FIBRA, MÁS VITAMINAS.

B   Look at the menu in Activity A and determine all the words you already know. There are quite a few.

_____

_____

_____

_____

_____

_____

C   Guessing the meaning of unknown words is important. Choose what you think the italicized word means.

1. *atún* en aceite

   a. tuna   **b.** atom

2. *anchoas*

   a. anchors   **b.** anchovies

3. queso *fundido*

   a. founded   **b.** melted

4. bacón *crujiente*

   a. crisp   **b.** crucial

5. mayonesa y *mostaza*

   a. mustard   **b.** mortar

ELABORADOS CON PAN DE MIGA:
Harina, Gluten de Trigo y Levadura.

SÁNDWICHES CALIENTES

MIXTO
jamón cocido y queso fundido
1,29 €

SOBRASADA
sobrasada fundida
1,29 €

BACON
bacon crujiente, lechuga y
queso fundido
1,59 €

TERNERA ASADA
ternera asada, lechuga,
pepinillos y mostaza
1,77 €

SALMÓN
salmón ahumado, huevo cocido y
queso blanco
1,92 €

A Read the menu.

B Look at the menu again and determine all the words you already know. There are quite a few.

_____

_____

_____

_____

_____

_____

_____

_____

_____

C Which sandwich would you order? Describe it.

_____

_____

_____

_____

A Look at the following advertisement for a restaurant in Mexico.

B In the ad, look for the Spanish words that are the equivalents of the following.

1. banquets or large meals _____

2. typical _____

3. seasonal dishes _____

4. coupons _____

5. live music _____

C Answer based on the ad in Activity A.

1. ¿Cuál es el nombre del restaurante? _____

2. ¿Cuál es su dirección? _____

3. ¿Cuál es su número de teléfono? _____

4. ¿Tiene e-mail el restaurante? _____

5. ¿Qué da el restaurante si el cliente tiene el cupón? _____

6. ¿Hay música en el restaurante? _____

7. ¿Quiénes tocan? _____

D What expressions in the ad in Activity A mean the following?

1. de Puebla _____

2. a casa _____

3. un grupo de tres músicos _____

A Add the bill in Spanish.

Nº 002246   **B**

Restaurante Del Valle

Humilladero, 4 · Teléf. 366 90 25 · Madrid

MESA Núm.   1

2 de 10	
2 Cartas	—
1 Espinacas	5,50
1 Pastel verduras	5,50
1 Lenguado	18,00
1 Callos	12,00
1 Ribera Duero	9,50
1 Sorbete	5,00
1 Sorbete champan	7,00
I. V. A. incluido TOTAL......	62,50

_____

_____

_____

_____

_____

_____

_____

Tarea

¡El estómago malo!

Task Scenario: A three-star restaurant in Madrid, **El Aficionado**, has been closed by the city because of the illness of one of its clients, Joaquín Hambriento. The owner of the restaurant, Sr. Juan Bobo, is sure that the cause of the illness was food poisoning. This has been confirmed by the local doctor. However, it is difficult to figure out which food served at the restaurant is the cause of the problem. You are well-known for solving cases like this and have been asked to help.

Los sospechosos:

- Bruno Bruto—vende todo tipo de carne y pollo, pescados ahumados (*smoked*) y jamones
- Francesca Fresca—vende todo tipo de frutas y vegetales frescos y ensaladas
- Antonio Antiguo—vende productos del mar: salmón, camarones, sardinas y atún
- Javier Injusto—vende productos como quesos, cremas y leche

Los clientes:

- Joaquín Hambriento—no come ensaladas; come todos los otros platos y está enfermo
- Lilia Lujosa—come todas las ensaladas y está enferma
- Ana Ansiosa—no está enferma; come el plato ahumado, el plato de barbacoa y el plato de variedades

Los platos ofrecidos a los clientes la noche del episodio:

- ensalada verde griega (queso griego, tomates, jamón y lechuga)
- plato de barbacoa (jamón, carne de búfalo)
- ensalada italiana (pasta, huevo duro, jamón, crema agria y arroz)
- plato ahumado (salmón y jamón)
- ensalada de mariscos (atún y camarones con crema agria)
- plato de variedades (jamón, queso suizo, huevos, sardinas y atún)
- plato prudente (lechuga, asado de pollo, atún y patatas con crema agria)

How Create diagrams to organize your information.

lo que los clientes comen

Joaquín	Lilia	Ana
_____	_____	_____
_____	_____	_____
_____	_____	_____

_____

_____

_____

- List the foods each client ate.

- Compare the foods eaten by the clients.

- Evaluate your information and solve the mystery. Which food made the client ill? Which suspect sold the restaurant this bad food?

- Present a written and oral report in Spanish to the local Chamber of Commerce so the restaurant can be reopened.

  - Check your sentences for the correct verb forms.

  - Check all words for correct spelling.

  - Check all words for the correct endings.

_____

_____

_____

_____

_____

_____

_____

_____

¿Qué comemos y dónde?

Vocabulario ❶

Actividad A Listen and repeat.

Actividad B Listen and choose.

1. _____
2. _____
3. _____
4. _____

Actividad C Listen and choose.

	sí	no
1.	☐	☐
2.	☐	☐
3.	☐	☐
4.	☐	☐
5.	☐	☐
6.	☐	☐
7.	☐	☐

Actividad D Listen and choose.

1. _____   **a.** en casa de Abuelita

2. _____   **b.** en casa de los nietos

3. _____   **c.** en la clase de álgebra

               d. en casa en la cocina

               e. en la cafetería de la escuela

Vocabulario ②

Actividad E Listen and repeat.

Actividad F Listen and choose.

	mesero	cliente
1.	☐	☐
2.	☐	☐
3.	☐	☐
4.	☐	☐
5.	☐	☐
6.	☐	☐
7.	☐	☐

Actividad G Listen and choose.

	para comer	para beber
1.	☐	☐
2.	☐	☐
3.	☐	☐
4.	☐	☐
5.	☐	☐
6.	☐	☐
7.	☐	☐
8.	☐	☐

Actividad H Listen and choose.

	sí	no
1.	☐	☐
2.	☐	☐
3.	☐	☐
4.	☐	☐
5.	☐	☐

Actividad I Listen and speak.

Gramática

Actividad A Listen and choose.

	one person	more than one person
1.	☐	☐
2.	☐	☐
3.	☐	☐
4.	☐	☐
5.	☐	☐

Actividad B Listen and speak.

Actividad C Listen and choose.

	nosotros	ella	tú	ustedes	yo
1.	☐	☐	☐	☐	☐
2.	☐	☐	☐	☐	☐
3.	☐	☐	☐	☐	☐
4.	☐	☐	☐	☐	☐
5.	☐	☐	☐	☐	☐
6.	☐	☐	☐	☐	☐
7.	☐	☐	☐	☐	☐
8.	☐	☐	☐	☐	☐
9.	☐	☐	☐	☐	☐
10.	☐	☐	☐	☐	☐

Actividad D Listen and choose.

1. a b c
2. a b c
3. a b c
4. a b c
5. a b c
6. a b c

Actividad E Listen and choose.

	sí	no
1.	☐	☐
2.	☐	☐
3.	☐	☐
4.	☐	☐
5.	☐	☐

Actividad F Listen and choose.

1. a   b
2. a   b
3. a   b
4. a   b

Actividad G Listen and answer.

Actividad H Listen and repeat.

Conversación

Actividad A Listen.

Actividad B Listen and repeat.

Actividad C Listen and write.

1. Adela acaba de _____.
2. Ahora va a ver _____.
3. No tiene muchas _____.
4. _____ tiene que navegar el Internet.
5. Tiene que buscar información sobre _____.
6. Es para su clase _____.
7. Diego va a comer _____.
8. _____ siempre tiene buenas ideas.

Lectura cultural

Actividad A Listen.

Actividad B Listen and write.

  1. el gallopinto

  _____

  2. una tortilla a la española

  _____

  3. hora de la cena en España

  _____

Lectura—Un poco más

Actividad A Listen.

Integración

¡A escuchar más!

Actividad A Listen.

Actividad B Listen and write.

  1. ¿Cuál es el nombre del restaurante? _____

  2. ¿Qué tipo de platos tienen? _____

Give the following information.

  1. hours the restaurant serves _____

  2. day of the week the restaurant closes _____

  3. what takes place on weekends _____

Repaso cumulativo

Actividad A Listen and choose.

	sí	no
1.	☐	☐
2.	☐	☐
3.	☐	☐
4.	☐	☐
5.	☐	☐
6.	☐	☐
7.	☐	☐
8.	☐	☐
9.	☐	☐
10.	☐	☐

Deportes

Deportes

Vocabulario ❶

A Choose the correct word to complete each sentence.

1. Hay once (jugadores, porteros) en el equipo de (fútbol, tenis).

2. El portero (lanza, guarda) la portería.

3. Los jugadores no pueden (ver, tocar) el balón con la mano.

4. Hay dos (tiempos, segundos) en el partido de fútbol.

5. Cuando el portero no puede (lanzar, bloquear) el balón, el balón (guarda, entra) en la portería y el equipo adverso (mete, pierde) un gol.

B Choose the correct word from the **banco de palabras**.

ganar	portería	el equipo
tiempos	el balón	el campo de fútbol

1. el conjunto de jugadores; todos los jugadores _____

2. donde juegan fútbol _____

3. no perder _____

4. hay dos en cada partido _____

5. lo que lanzan los jugadores en un juego de fútbol _____

C Complete with the correct missing letters.

1. _____apatillas negras

2. cal_____etines ro_____os

3. una cami_____eta a_____ul

4. un pantalón _____erde

D Identify.

1. _____

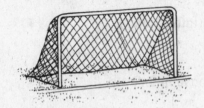

3. _____

2. _____

4. _____

E Complete with the appropriate word.

1. Cuando juegan fútbol, los jugadores no pueden tocar el balón con
_____.

2. Para marcar un tanto el balón tiene que entrar en la _____.

3. Cuando empieza el segundo _____, los jugadores vuelven al campo.

4. Juegan fútbol en el _____ de fútbol.

5. El jugador _____ un tanto cuando
_____ un gol.

F Write the word being defined.

1. el que juega _____

2. el que guarda la portería _____

3. el que mira el partido _____

4. el conjunto o grupo de jugadores _____

5. ser victorioso _____

6. no dejar o permitir entrar _____

7. contrario de «ganar» _____

8. meter el balón en la portería _____

G Identify each item of the soccer uniform.

1. _____
2. _____
3. _____
4. _____

H Write an original sentence using each of the following words. Give as much information as possible.

1. el jugador _____
_____

2. el equipo _____
_____

3. el portero _____
_____

4. los aficionados _____
_____

5. lanzar _____
_____

6. tocar _____
_____

7. ganar _____
_____

8. meter un gol _____
_____

Vocabulario ❷

A Write the names of three sports.

_____
_____
_____

B Write four words or expressions associated with basketball.

_____ _____
_____ _____

C Write four words or expressions associated with baseball.

_____ _____
_____ _____

D Write three words or expressions associated with tennis.

_____
_____

E Identify the word with the sport or sports.

	el béisbol	el baloncesto	el tenis
1. el receptor	☐	☐	☐
2. la pelota	☐	☐	☐
3. driblar	☐	☐	☐
4. el guante	☐	☐	☐
5. la cancha	☐	☐	☐
6. el cesto	☐	☐	☐
7. la red	☐	☐	☐
8. atrapar	☐	☐	☐

F Answer each question.

    1. En un partido de béisbol, ¿quién lanza la pelota al bateador?

    _____

    2. ¿Con qué atrapa la pelota el jugador de béisbol?

    _____

    3. ¿Quién batea?

    _____

    4. ¿Con qué batea?

    _____

    5. ¿Cuántas bases hay en el béisbol?

    _____

G Complete with an appropriate word.

    1. Juegan béisbol en _____ de béisbol.

    2. Los beisbolistas _____ de una base a otra.

    3. En un juego de básquetbol el balón tiene que entrar en

    _____. Cuando entra, el jugador

    _____ y marca un tanto.

    4. Los tenistas juegan con _____ y

    _____.

    5. La pelota tiene que pasar _____ de la red.

    6. En un juego de _____ hay dos tenistas y en un juego de

    _____ hay cuatro.

H Give a related word or words.

    1. batear _____

    2. lanzar _____

    3. recibir _____

    4. el jardín _____

    5. el plato _____

    6. encestar _____

    7. jugar _____

    8. volver _____

I Write a sentence that describes each illustration.

1. _____
   _____

2. _____
   _____

3. _____
   _____

4. _____
   _____

5. _____
   _____

J Write three original sentences comparing the following sports.

el béisbol y el baloncesto

_____

_____

_____

K Write as complete a description as possible about your favorite sport.

_____

_____

_____

Gramática

Los verbos de cambio radical e → ie

A Complete.

The stem **e** in the verbs **pensar** and **querer** changes to _____ in all forms except one. When the subject is **nosotros** the _____ stays the same. It does not change.

B Choose the correct verb form.

1. Yo (quiero, queremos) jugar.

2. Nosotros (prefiero, preferimos) ganar.

3. Yo (pienso, pensamos) volver.

4. Ellos (empieza, empiezan) a jugar.

5. ¿Tú (pierde, pierdes) o ganas el partido?

6. Tu equipo no (pierdes, pierde) mucho.

7. ¿A qué hora (empezamos, empiezan) ustedes?

8. Ella (quiere, quieren) jugar tenis.

C Answer each question.

1. ¿Quieres jugar tenis?

_____

2. ¿Quieren ustedes jugar ahora?

_____

3. ¿Piensan ustedes volver?

_____

4. ¿Piensan ustedes estar aquí mañana?

_____

5. ¿Pierdes paciencia?

_____

6. ¿Pierden ustedes paciencia con frecuencia?

_____

D Rewrite in the plural (**nosotros**).

1. Quiero comer.

_____

2. Prefiero ir al café Gijón.

_____

3. Quiero un sándwich (un bocadillo).

_____

4. Empiezo a comer.

_____

E Rewrite in the singular.

1. Queremos jugar béisbol.

_____

_____

2. Preferimos jugar en el parque.

_____

_____

3. Empezamos a jugar a las dos y media.

_____

_____

4. Mis hermanos quieren jugar fútbol.

_____

_____

5. Ellos prefieren jugar en el campo de la escuela.

_____

_____

6. Empiezan a jugar al mediodía.

_____

_____

F Complete with the correct form of the indicated verb.

1. Ellos _____ a jugar a las seis. (empezar)

2. Su equipo no _____ perder. (querer)

3. Ellos no _____ con frecuencia. (perder)

4. Nosotros _____ ver el partido. (querer)

5. Yo no _____ ver el partido;

   _____ jugar. (querer, querer)

6. Nosotros no. No _____ jugar.

   _____ ver el partido. (querer, querer)

7. Entonces, ustedes _____ ser espectadores y yo

   _____ ser jugador(a). (preferir, preferir)

8. ¿Qué _____ ustedes? ¿Quiénes van a ganar? (pensar)

G Form sentences with the following.

1. yo / querer / comer

   _____

2. ¿pensar / tú / ir / café?

   _____

3. nosotros / querer / comer / también

   _____

4. nosotros / preferir / comer / restaurante

   _____
   _____

5. ¿a qué hora / empezar / ellos / servir / restaurante?

   _____
   _____

6. tú / pensar / comer / tarde

   _____

7. nosotros / querer / comer / temprano

   _____
   _____

Los verbos de cambio radical o → ue

A Complete with the correct form of the indicated verb.

1. Yo _____ ocho horas cada noche. (dormir)

2. Yo _____ llegar a la escuela a las ocho menos cuarto. (poder)

3. Yo _____ tomar el autobús. (poder)

4. Yo _____ fútbol después de las clases. (jugar)

5. Yo _____ con el equipo de la escuela. (jugar)

6. Yo _____ a casa a las cinco y media o a las seis. (volver)

7. Yo _____ muy bien después de jugar mucho. (dormir)

B Choose the correct answer to each question and circle the corresponding letter.

1. ¿Juegas fútbol?
   a. Sí, juego fútbol.
   b. Sí, jugamos fútbol.

2. ¿Juegan ustedes fútbol?
   a. No, no juego.
   b. Sí, jugamos mucho.

3. ¿Puedes jugar ahora?
   a. Sí, puedo.
   b. Sí, podemos.

4. ¿Pueden ustedes jugar ahora?
   a. Sí, puedo.
   b. Sí, podemos.

5. ¿Cuándo vuelven los otros jugadores?
   a. Vuelve mañana.
   b. Vuelven ahora.

6. ¿Cuándo vuelve el capitán?
   a. Vuelve mañana.
   b. Vuelves ahora.

C Change the sentences to singular or plural.

1. Duermo ocho horas cada noche.

   _____

2. Podemos llegar temprano.

   _____

3. No puedo tomar el bus.

   _____

4. Después de las clases jugamos fútbol.

   _____

5. Pero hoy yo no juego.

   _____

6. Vuelvo a casa.

   _____

D Complete with the correct form of the indicated verb.

1. Él _____ jugar y _____
   jugar. (poder, querer)

2. Yo también _____ jugar pero no
   _____. (querer, poder)

3. ¿Por qué no _____ (tú) si
   _____? (poder, querer)

4. Nosotros _____ con el equipo de nuestra escuela pero
   tú no _____ con tu equipo. ¿Por qué? (jugar, jugar)

5. ¿Por qué no _____ ustedes jugar? ¿Es que no
   _____? (poder, querer)

E Write a question asking a friend something using each of the indicated verbs. Then write a logical answer to your question.

1. **jugar**

   PREGUNTA _____

   RESPUESTA _____

2. **poder**

   PREGUNTA _____

   RESPUESTA _____

3. **dormir**

   PREGUNTA _____

   RESPUESTA _____

F   Write the same questions from Activity E asking several friends. Then write a logical answer.

1. PREGUNTA _____

   RESPUESTA _____

2. PREGUNTA _____

   RESPUESTA _____

3. PREGUNTA _____

   RESPUESTA _____

G   Make up sentences combining the words in each of the columns.

yo	querer	bien
nosotros	pensar	jugar fútbol
él	preferir	perder
tú	empezar a	al campo
ustedes	poder	batear
	jugar	lanzar el balón
	volver	ir al partido

1. _____

2. _____

3. _____

4. _____

5. _____

6. _____

7. _____

Los verbos **interesar, aburrir, gustar**

A Complete with the correct ending.

1. Me gust_____ mucho la carne pero no me gust_____ el pescado.

2. Me gust_____ las legumbres pero me gust_____ más las frutas.

3. ¿Te gust_____ las hamburguesas o no?

4. Mucho. Pero no me gust_____ las papas fritas.

5. ¿No te gust_____ las papas fritas? ¿Por qué?

6. ¿Te gust_____ la ensalada?

7. ¿Te interes_____ un postre?

8. Sí, los postres siempre me interes_____.

B Complete with the correct word.

1. —¿_____ gusta comer?

   —Sí, me gusta mucho.

2. —¿Te gustan las ensaladas?

   —Sí, _____ gustan.

3. —¿Te gusta el agua?

   —Sí, _____ gusta pero me gust_____ más los jugos.

4. —¿_____ interesa el curso de historia?

   —Sí, pero me interesan más los cursos de lenguas.

C Complete the following conversation.

—Jorge, ¿_____ gusta la historia?
               1

—Sí, _____ gusta mucho. Es el curso que más _____ interesa.
         2   3

—¿Sí? _____ sorprende. La historia _____ aburre un poco.
         4   5

—Paco, es increíble. La historia antigua _____ fascina: la historia de Roma, de Grecia,
                                             6

de Egipto.

—Pues, _____ gustan más las ciencias y las matemáticas.
           7

D Complete with the correct ending and then answer each question.

1. ¿Te interes_____ el arte?

_____

2. ¿Te aburr_____ o te interes_____ los deportes?

_____

3. ¿Te gust_____ ser jugador(a) o te gust_____ más ser espectador(a)?

_____

E Write five things that interest or don't interest you.

1. _____

2. _____

3. _____

4. _____

5. _____

F Write five things that bore or don't bore you.

1. _____

2. _____

3. _____

4. _____

5. _____

G Write five things you like or don't like.

1. _____

2. _____

3. _____

4. _____

5. _____

Integración

¡A leer más!

A Read the following magazine article.

El origen del tenis

La palabra «tenis»—aplicada al popular deporte—viene del árabe «tenetz», una adaptación de la palabra «tenez» que significa «saltar». Y la palabra «raqueta» viene también del árabe, ya que «rahet» significa «en la palma de la mano» y cuando el deporte se inicia, los jugadores le dan a la pelota usando la palma de la mano. No usan una raqueta, como en nuestros días.

B In a word or two, answer the following questions about the article in Activity A.

1. ¿Qué es el tenis?

   _____

2. ¿De qué lengua viene la palabra «tenis»?

   _____

3. ¿Viene la palabra «raqueta» de la misma lengua?

   _____

4. Hoy, ¿usan los tenistas la palma de la mano para darle a la pelota?

   _____

5. En vez de usar la palma de la mano, ¿qué usan o utilizan?

   _____

A   Read the following ticket to a soccer game.

B   Answer based on the ticket.

1. ¿Cuál es el nombre del estadio?

   _____

2. ¿A qué hora empieza el juego (el partido)?

   _____

3. ¿Quiénes juegan? ¿Contra quiénes juegan?

   _____

   _____

4. ¿Dónde está el estadio?

   _____

5. ¿Cuál es el número del asiento que va a tener el espectador?

   _____

6. ¿Cuál es el precio del boleto de la entrada?

   _____

C Answer the following.

1. Note the date **26/11/2009**. Is there a month that relates to **26**? _____

2. What does **26** refer to? _____

3. In using numbers for the date in Spain, do they begin with the number of the month or the day? _____

D Write the following in the Spanish way.

1. el 10 de octubre de 2008 _____

2. el 2 de diciembre de 1998 _____

3. el 12 de octubre de 1492 _____

4. el 30 de diciembre de 2010 _____

Tarea

¡Hablando de los deportes!

Task Pictures or other visuals are a great way to learn about language. With a partner look through the newspaper sports sections or on the Internet for a story about an athletic event.

How Use the diagram below to organize your information before you actually start to write.

- Identify what the story is about and complete the chart below in Spanish with the information that answers each question: **quién, cuándo, dónde, cómo,** etc.

- Collaborate to write a conversation about the event to present to the class.

- In pairs, role play the situation/event as if you were two players discussing the situation and what you feel about what has happened or is going to happen.

pregunta	información
¿quién?	
¿qué?	
¿cuándo?	
¿dónde?	
¿cómo?	
¿por qué?	

Use the information you placed in your diagram to help you write the conversation.

- Check your sentences for the correct verb forms.

- Check all words for correct spelling.

- Check all words for the correct endings.

_____

_____

_____

_____

_____

_____

_____

_____

_____

CAPÍTULO 5

Deportes

Vocabulario ❶

Actividad A Listen and repeat.

Actividad B Listen and choose.

	correcto	incorrecto
1.	☐	☐
2.	☐	☐
3.	☐	☐
4.	☐	☐
5.	☐	☐
6.	☐	☐
7.	☐	☐

Actividad C Listen and choose.

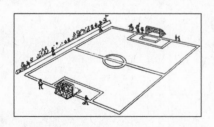
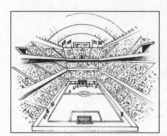

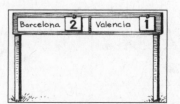

Actividad D Listen and choose.

	sí	no
1.	☐	☐
2.	☐	☐
3.	☐	☐
4.	☐	☐
5.	☐	☐
6.	☐	☐

Actividad E Listen and answer.

Vocabulario ❷

Actividad F Listen and repeat.

Actividad G Listen and choose.

1. _____   4. _____

2. _____   5. _____

3. _____   6. _____

Actividad H Listen and choose.

_____

_____

Actividad I Listen and choose.

1.	a	b	c	3.	a	b	c	5.	a	b	c
2.	a	b	c	4.	a	b	c	6.	a	b	c

Actividad J Listen and choose

	el béisbol	el fútbol	el básquetbol	el tenis
1.	☐	☐	☐	☐
2.	☐	☐	☐	☐
3.	☐	☐	☐	☐
4.	☐	☐	☐	☐
5.	☐	☐	☐	☐
6.	☐	☐	☐	☐
7.	☐	☐	☐	☐
8.	☐	☐	☐	☐
9.	☐	☐	☐	☐
10.	☐	☐	☐	☐

Actividad K Listen and answer.

Actividad L Listen and choose.

1.	a	b	c	4.	a	b	c
2.	a	b	c	5.	a	b	c
3.	a	b	c	6.	a	b	c

Actividad M Listen and speak.

Gramática

Actividad A Listen and choose.

	sí	no
1.	☐	☐
2.	☐	☐
3.	☐	☐
4.	☐	☐
5.	☐	☐

Actividad B Listen and answer.

Actividad C Listen and answer.

Actividad D Listen and choose.

1.	a	b	c	6.	a b c
2.	a	b	c	7.	a b c
3.	a	b	c	8.	a b c
4.	a	b	c	9.	a b c
5.	a	b	c	10.	a b c

Actividad E Listen and answer.

Actividad F Listen and answer.

Actividad G Listen and choose.

	sí	no
1.	☐	☐
2.	☐	☐
3.	☐	☐
4.	☐	☐

Actividad H Listen and repeat.

Conversación

Actividad A Listen.

Actividad B Listen and choose.

	sí	no
1.	☐	☐
2.	☐	☐
3.	☐	☐
4.	☐	☐
5.	☐	☐
6.	☐	☐

Lectura cultural

Actividad A Listen.

Actividad B Listen and write.

1. _____ es el deporte número uno en los países hispanos.

2. Los grupos de amigos juegan en _____

   _____

3. El Real Madrid es _____.

4. El béisbol es un deporte muy popular en _____

   _____

Lectura—Un poco más

Actividad A Listen.

Integración

¡A escuchar más!

Actividad A Listen.

Actividad B Listen and choose.

1. Es un partido de _____.
   a. baloncesto
   b. béisbol
   c. fútbol

2. Los dos equipos son Madrid y _____.
   a. Real
   b. Barcelona
   c. Vargas

3. Quedan _____ minutos en el segundo tiempo.
   a. dos
   b. tres
   c. cuatro

4. Vargas lanza el balón con _____.
   a. la cabeza
   b. el pie
   c. la mano

5. Meten un gol en el _____ minuto del partido.
   a. primer
   b. tercer
   c. último

6. El resultado del partido es _____.
   a. una victoria para Madrid
   b. que nadie gana
   c. que Vargas pierde

Actividad C Listen.

Actividad D Listen and answer.

1. Where are the famous archaeological ruins in Honduras?

   _____

2. In what country is Chichen Itzá?

   _____

3. Where were there recent digs in Puerto Rico?

   _____

4. What's the name of an Indian group in Puerto Rico?

   _____

5. What game did they play?

   _____

Actividad E Listen and choose.

1. a   b   c

2. a   b   c

3. a   b   c

Repaso cumulativo

Actividad A Listen and choose.

	sí	no
1.	☐	☐
2.	☐	☐
3.	☐	☐
4.	☐	☐
5.	☐	☐
6.	☐	☐

6

El bienestar

Workbookand Audio Activities

El bienestar

Vocabulario ❶

A Answer each question.

1. Anita acaba de recibir una A en todos sus cursos. ¿Cómo está Anita? ¿Está contenta o triste?

   _____

2. José está de buen humor. ¿Cómo está? ¿Está contento o enojado?

   _____

3. Y ahora José está de mal humor. ¿Cómo está? ¿Está contento o enojado?

   _____

4. ¿Cuándo tiene la muchacha una sonrisa en la cara? ¿Cuándo está de buen humor o de mal humor?

   _____

5. Julia tiene un buen sentido de humor. ¿Es ella muy seria o bastante graciosa?

   _____

6. Cuando Pablo tiene una opinión no cambia de opinión. ¿Cómo es él? ¿Es terco o flexible?

   _____

7. El niño tiene mal comportamiento. ¿Te gusta o te enfada su comportamiento?

   _____

8. Ella es bien educada. ¿Tiene buenos o malos modales?

   _____

B Match the words that mean the same.

1. _____ conducta   **a.** obstinado

2. _____ tener éxito   **b.** enfadado

3. _____ enojado   **c.** muy triste

4. _____ contento   **d.** comportamiento

5. _____ terco   **e.** tener buenos resultados

6. _____ deprimido   **f.** alegre

C Complete with an appropriate word.

1. José tiene un problema. Está _____ y está de

   _____ humor.

2. Felipe está muy _____ porque acaba de recibir una nota
   buena en español.

3. Su amiga al contrario está _____ porque acaba de recibir
   una nota mala.

4. Ella tiene una _____ en la cara. Está de buen humor.

5. Él siempre está lleno de energía. Es un tipo muy _____.

6. A Elena le falta paciencia. Es muy _____.

7. Tomás no tiene energía. Está _____. Necesita una siesta.

D Rewrite changing the italicized word or phrase to a word or phrase with the same meaning.

1. Su *conducta* me molesta. No me gusta.

   _____

   _____

2. ¡Qué bárbaro! Ella siempre tiene *buenos resultados.*

   _____

   _____

3. Ellos están *contentos.*

   _____

4. Los otros están *muy tristes.*

   _____

5. Carlos está *enojado.*

   _____

6. Me *enfada.*

   _____

7. Él es *muy obstinado.*

   _____

E Answer each question.

1. Elena está muy contenta. ¿Por qué?

_____

2. El pobre José. Está bastante triste. ¿Por qué?

_____

3. ¿Está de mal humor tu amigo? ¿Por qué?

_____

4. Después de ocho horas de trabajo, ¿cómo está ella?

_____

5. ¿Qué quiere tener una persona ambiciosa que trabaja o estudia mucho?

_____

6. Él molesta o enfada a mucha gente. ¿Por qué? ¿Qué tipo de comportamiento tiene?

_____

7. Ella es muy bien educada. ¿Qué tiene?

_____

F Write a word that means the same.

1. lleno de energía _____

2. calmo _____

3. contento _____

4. muy triste _____

5. enojado _____

6. terco _____

7. conducta _____

G Use each word you wrote in Activity F in an original sentence.

1. _____

2. _____

3. _____

4. _____

5. _____

6. _____

7. _____

Vocabulario ❷

Ⓐ Indicate whether the information makes sense or not.

	sí	no
1. Enrique tiene que guardar cama porque necesita un examen físico.	☐	☐
2. Él está nervioso porque tiene mucho estrés.	☐	☐
3. El médico le da un examen físico.	☐	☐
4. Un enfermero trabaja con el médico.	☐	☐
5. Pablo abre la boca porque tiene dolor de cabeza.	☐	☐
6. María abre la boca y el médico le examina la garganta.	☐	☐
7. El médico le da una receta porque tiene tos y tiene fiebre también.	☐	☐
8. Quiere comer porque tiene dolor de estómago.	☐	☐

Ⓑ Indicate whether the person is well or sick.

	bien	enferma
1. Todo está normal.	☐	☐
2. Abre la boca y come.	☐	☐
3. Tiene fiebre.	☐	☐
4. Le duele la cabeza.	☐	☐
5. Tiene tos.	☐	☐
6. Está lleno de energía.	☐	☐

Ⓒ Complete with an appropriate word.

1. El joven está en la _____ del médico porque

   necesita un examen _____.

2. Ella tose mucho. Tiene _____.

3. Tiene la temperatura elevada. Tiene _____.

4. El muchacho _____ la boca y el médico le examina la

   _____.

5. Él no está bien. Está _____.

6. Él tiene la tensión arterial alta. No está _____.

7. El pobre Carlos está muy enfermo y tiene que _____ cama.

8. Carolina va a la farmacia con la _____ que le da el médico.

D Write two sentences about each place.

la consulta del médico

1. _____

2. _____

la farmacia

3. _____

4. _____

E Rewrite changing the italicized word or phrase to a word or phrase with the same meaning.

1. Ella tiene *la temperatura elevada*.

_____

2. Él *no está bien*.

_____

3. El médico le *examina*.

_____

4. Tiene que *pasar días en* cama.

_____

5. *Le duele la* cabeza.

_____

6. *Le duele el* estómago.

_____

7. El médico *le da una receta para* una medicina.

_____

_____

8. Venden *medicamentos* en la farmacia.

_____

_____

F Answer each question.

1. Enrique quiere jugar con el equipo de fútbol de su escuela. ¿Qué necesita?

_____

_____

2. ¿Por qué va una persona a la consulta de un médico?

_____

_____

3. ¿Por qué abre el paciente la boca?

_____

_____

4. José tiene mucho calor. ¿Por qué?

_____

_____

5. ¿Por qué tiene dolor de cabeza Teresa?

_____

_____

6. ¿Por qué le da el médico una receta a Julia?

_____

_____

7. ¿Por qué va Julia a la farmacia?

_____

_____

8. ¿Qué le venden a Julia en la farmacia?

_____

_____

Gramática

Ser y estar

A Choose the correct verb.

1. Ella (es, está) ambiciosa.

2. Ella (es, está) de buen humor.

3. Ella (es, está) contenta.

4. Él (es, está) muy nervioso y tiene dolor de cabeza.

5. Él no (es, está) bien. (Es, Está) enfermo.

6. José, ¿por qué (eres, estás) triste? ¿Qué te pasa?

7. Ella trabaja mucho y (es, está) cansada.

B Answer each question.

1. ¿Es de México el muchacho? Y, ¿de dónde es su amigo?

   _____

   _____

2. ¿Ahora, está en la Florida el muchacho? Y, ¿dónde está su amigo?

   _____

   _____

3. ¿De dónde es el muchacho y dónde está ahora? ¿De dónde es su amigo y dónde está ahora?

   _____

   _____

4. ¿De dónde eres? ¿Dónde estás ahora?

   _____

5. ¿En qué calle está tu casa?

   _____

6. ¿Está cerca o lejos de tu casa la escuela?

   _____

7. ¿En qué ciudad o pueblo está tu escuela?

   _____

C Write sentences using words from each column.

Felipe Gloria	es está	nervioso muy inteligente simpático enfermo serio contento triste

1. _____
2. _____
3. _____
4. _____
5. _____
6. _____
7. _____

D Look at the maps. The first map tells where the person is from. The second map tells where the person is right now. Write a sentence telling where the person is from and where he/she is now. Use **ser** and **estar**.

1. Yo _____

_____.

2. Alberto y Lola _____

_____.

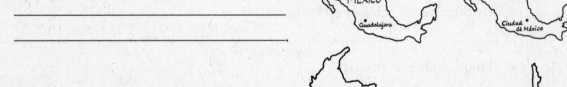

3. Isabel _____

_____.

4. Nosotros _____

_____

_____.

E Complete with the correct form of **ser** or **estar**.

Rubén y Marisol _____ enfermos. Rubén no tiene energía.
1

_____ muy cansado. _____ triste. Y Marisol tiene tos.
2   3

Su garganta _____ muy roja. La mamá de Rubén y Marisol
4

_____ muy nerviosa. Pero su médico _____ muy
5   6

bueno. El doctor Rodríguez examina a Rubén y a Marisol. El médico habla:

—Ustedes no _____ muy enfermos. Tienen la gripe. Tienen que
7

guardar cama y beber agua. El agua _____ buena para la salud.
8

Ahora todos _____ muy contentos y los padres no
9

_____ nerviosos. No _____ nerviosos porque Rubén
10   11

no _____ muy enfermo y Marisol no _____ muy
12   13

enferma. Dentro de poco, sus hijos van a _____ muy bien.
14

F Complete with the correct form of **ser** or **estar**.

Ángel _____ un amigo muy bueno. _____ muy
1   2

atlético y _____ muy inteligente. Además _____
3   4

sincero y simpático. Casi siempre _____ de buen humor. Pero hoy no. Al
5

contrario, _____ de mal humor. _____ muy cansado y
6   7

tiene dolor de cabeza. _____ enfermo. Tiene la gripe.
8

_____ en casa. _____ en cama.
9   10

La casa de Ángel _____ en la calle 60. La calle 60
11

_____ en West New York. West New York no _____ en
12   13

Nueva York. _____ en Nueva Jersey. Pero la familia de Ángel no
14

_____ de West New York. Sus padres _____ de Cuba y
15   16

sus abuelos _____ de España. Ellos _____ de Galicia,
17   18

una región en el noroeste de España. Galicia _____ en la costa del
19

Atlántico y del mar Cantábrico. Ángel tiene una familia internacional.

Pero ahora todos _____ en West New York y _____
20   21

contentos. Muchas familias en West New York _____ de ascendencia
22

cubana. El apartamento de la familia de Ángel _____ muy bonito.
23

_____ en el tercer piso y tiene una vista magnífica de la ciudad de
24

Nueva York.

G Complete with the correct form of **ser** or **estar**.

1. Él _____ muy obstinado. Es una persona difícil.

2. No le puedo hablar hoy. _____ muy obstinado y agresivo también.

3. En general ella _____ bastante seria pero hoy _____ muy graciosa.

4. José, ¿en qué piensas? _____ muy serio hoy.

Los pronombres **me, te, nos, le, les**

A Complete with **me** or **te**.

—Sergio, ¿dónde _____ duele?
             1

—¿Dónde _____ duele? Ay, doctor. _____ duele todo. _____ duele la cabeza. _____
          2   3   4   5
duele la garganta.

—Muy bien, Sergio. No es serio. _____ voy a examinar. ¿_____ permites?
                                  6   7

B Choose the correct pronoun.

1. A mí (me, le) gusta mucho pero a Juan no (te, le) gusta.

2. El médico (me, le) habla y yo (me, le) hablo al médico.

3. El médico (me, le) examina la garganta pero yo no (me, le) examina la garganta.

4. Yo (nos, les) hablo a mis amigos.

C Complete with the correct pronoun.

1. Mi madre _____ habla. Ella _____ habla a mis hermanos también. Ella _____ da
(a todos nosotros) buenos consejos (*advice*).

2. El médico _____ habla a su paciente. _____ examina el estómago. _____ da su

diagnóstico. Su condición no es grave pero _____ da una receta para una medicina

para aliviar el dolor. El paciente va a la farmacia y _____ da la receta al farmacéutico.

El farmacéutico _____ vende los medicamentos que su médico _____ receta.

D Rewrite Number 2 in Activity C and change *a su paciente* to *a sus pacientes* in the first line.
Make all other necessary changes.

_____

_____

_____

_____

Integración

¡A leer más!

 A Read the following selection about nutrition and good health.

Comer bien

Es muy importante comer bien para mantener la salud. Cada día debemos comer una variedad de vegetales, frutas, granos y cereales y carnes o pescado.

Calorías   El número de calorías que necesita o requiere una persona depende de su metabolismo, de su tamaño[1] y de su nivel[2] de actividad física. Los adolescentes necesitan más calorías que los ancianos o viejos. Requieren más calorías porque son muy activos y están creciendo[3]. Una persona anciana de tamaño pequeño con un nivel bajo de actividad física requiere menos calorías.

Proteínas   Las proteínas son especialmente importantes durante los períodos de crecimiento. Los adolescentes, por ejemplo, deben comer comestibles o alimentos ricos[4] en proteínas porque están creciendo.

Carbohidratos   Los carbohidratos son alimentos como los espaguetis, las papas y el arroz. Los carbohidratos proveen mucha energía.

Grasas   Las grasas o lípidos son otra fuente[5] importante de energía. Algunas carnes contienen mucha grasa. Pero es necesario controlar el consumo de lípidos o grasa porque en muchos individuos elevan el nivel de colesterol.

Vitaminas   Las vitaminas son indispensables para el funcionamiento del organismo o cuerpo. ¿Cuáles son algunas fuentes de las vitaminas que necesita el cuerpo humano?

vitamina	fuente
A	vegetales, leche, algunas frutas
B	carne, huevos, leche, cereales, vegetales verdes
C	frutas cítricas, tomates, lechuga
D	leche, huevos, pescado
E	aceites[6], vegetales, huevos, cereales

[1]tamaño   *size*
[2]nivel   *level*
[3]creciendo   *growing*
[4]ricos   *rich*
[5]fuente   *source*
[6]aceites   *oils*

B Answer each question.

1. ¿Qué debemos comer cada día?

_____

2. ¿De qué depende el número de calorías que requiere una persona?

_____

3. ¿Quiénes requieren más calorías? ¿Por qué?

_____

4. ¿Por qué necesitan los adolescentes alimentos ricos en proteínas?

_____

5. ¿Qué proveen los carbohidratos?

_____

6. ¿Por qué es necesario controlar el consumo de grasas o lípidos?

_____

_____

C Make a list of all the cognates you found in the reading.

_____

_____

_____

_____

_____

_____

D Find the Spanish equivalents for the following words.

1. health _____

2. size _____

3. growth _____

4. provide _____

5. fat (looks like the word "grease") _____

6. consumption _____

7. human body _____

A Read the following article about stress.

Principales manifestaciones del estrés laboral

Leve	Irritabilidad y ansiedad Insomnio En algunas ocasiones problemas de concentración
Moderado	Aumento en las horas de ausentismo al trabajo Fatiga sin ninguna razón Indecisión e indiferencia Aumento en el consumo de café
Severo	Depresión Problemas de salud (dolor de cabeza, dolor de estómago y digestivos, cardiovasculares) Aislamiento social y presencia de pensamientos autodestructivos

B Find the Spanish word or expression that conveys the following information.

1. not able to make up one's mind _____

2. to not care _____

3. cranky or annoyed _____

4. not want to be with anyone _____

5. tiredness for no good reason _____

6. unable to sleep _____

7. increase in absenteeism _____

Tarea

La novela picaresca

Task You have read two examples of **literatura picaresca**—*El Periquillo Sarniento* and *Lazarillo de Tormes.* In both stories the main characters were very different in some ways and very alike in others. You are going to write an essay in which you discuss their similarities and differences.

How Using the diagram below, organize the details about each character as you read. Once you have completed your diagram, write your essay comparing Periquillo and Lazarillo.

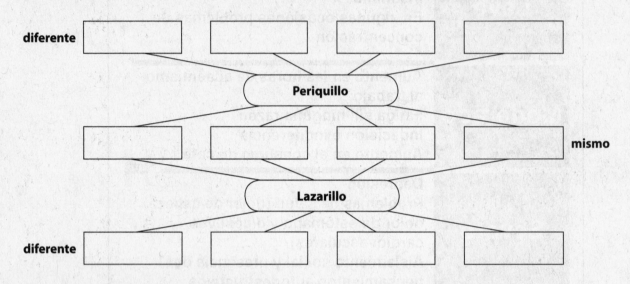

Use the information you placed in your diagram to help you write the comparison.
- Check your sentences for the correct verb forms.
- Check all words for correct spelling.
- Check all words for the correct endings.

_____
_____
_____
_____
_____
_____
_____
_____
_____
_____
_____

Vocabulario ①

Actividad A Listen and repeat.

Actividad B Listen and choose.

	sí	no
1.	☐	☐
2.	☐	☐
3.	☐	☐
4.	☐	☐
5.	☐	☐
6.	☐	☐
7.	☐	☐

Actividad C Listen and choose.

1. a b c
2. a b c
3. a b c
4. a b c
5. a b c

Actividad D Listen and answer.

Vocabulario ❷

Actividad E Listen and repeat.

Actividad F Listen and choose.

	correcta	incorrecta
1.	☐	☐
2.	☐	☐
3.	☐	☐
4.	☐	☐
5.	☐	☐

Actividad G Listen and choose.

1. a b
2. a b
3. a b
4. a b
5. a b
6. a b
7. a b

Actividad H Listen and answer.

Gramática

Actividad A Listen and choose.

	característica	condición
1.	☐	☐
2.	☐	☐
3.	☐	☐
4.	☐	☐
5.	☐	☐
6.	☐	☐
7.	☐	☐
8.	☐	☐
9.	☐	☐
10.	☐	☐

Actividad B Listen and answer.

Actividad C Listen and answer.

Actividad D Listen and answer.

1. alto y rubio
2. simpáticos
3. no, antipática
4. sí
5. grande y moderna
6. González
7. inteligente y simpático(a)
8. interesante
9. difícil

Actividad E Listen and answer.

1. enfermo
2. bien
3. aburridos
4. cansados
5. triste
6. no, tranquilos
7. contenta

Actividad F Listen and answer.

Actividad G Listen.

Actividad H Listen and choose.

	sí	no
1.	☐	☐
2.	☐	☐
3.	☐	☐
4.	☐	☐
5.	☐	☐
6.	☐	☐

Actividad I Listen and answer.

Actividad J Listen and choose.

	location	origin
1.	☐	☐
2.	☐	☐
3.	☐	☐
4.	☐	☐
5.	☐	☐
6.	☐	☐
7.	☐	☐
8.	☐	☐
9.	☐	☐
10.	☐	☐

Actividad K Listen.

Actividad L Listen and choose.

	characteristic	condition	origin	location
1.	☐	☐	☐	☐
2.	☐	☐	☐	☐
3.	☐	☐	☐	☐
4.	☐	☐	☐	☐
5.	☐	☐	☐	☐
6.	☐	☐	☐	☐
7.	☐	☐	☐	☐
8.	☐	☐	☐	☐
9.	☐	☐	☐	☐

Actividad M Listen and speak.

Actividad N Listen and answer.

1. el médico
2. la cabeza
3. la médica
4. una medicina
5. no
6. el médico
7. el farmacéutico

Actividad O Listen and repeat.

Conversación

Actividad A Listen.

Actividad B Listen and repeat.

Actividad C Listen and choose.

	sí	no
1.	☐	☐
2.	☐	☐
3.	☐	☐
4.	☐	☐
5.	☐	☐
6.	☐	☐

Lectura cultural

Actividad A Listen.

Actividad B Listen and write.

1. Periquillo no es _____.

2. Él puede asistir _____.

3. No le gusta _____.

4. Trabaja en casa de _____.

5. Decide que el médico no es _____.

6. Periquillo va en la mula del médico a _____.

7. En el pueblo todos creen que Periquillo es _____.

Lectura—Un poco más

Actividad A Listen.

Integración

¡A escuchar más!

Actividad A Listen.

Actividad B Listen and write.

1. The ad is for people with _____.

2. The name of the product being advertised is _____.

3. It can be obtained in a _____.

4. It comes in the form of _____.

5. It is available in _____ sizes.

6. It is really good for _____.

Repaso cumulativo

Actividad A Listen and choose.

	sí	no
1.	☐	☐
2.	☐	☐
3.	☐	☐
4.	☐	☐
5.	☐	☐
6.	☐	☐

CAPÍTULO
7

De vacaciones

CAPÍTULO 7

De vacaciones

Vocabulario ①

A Match the activity with the illustration.

a

b

c

d

e

f

1. _____ nadar

2. _____ bucear

3. _____ practicar la plancha de vela

4. _____ esquiar en el agua

5. _____ tomar el sol

6. _____ practicar la tabla hawaiana

B Choose the correct completion.

1. Le gusta ir a la playa cuando (hay sol, está nublado).

2. Prefiere nadar en (el mar, una piscina) porque no le gustan las olas.

3. El surfer necesita (una plancha de vela, una tabla hawaiana).

4. El sol está tan fuerte que no puedo ver sin (el traje de baño, los anteojos de sol).

5. Vamos a rentar un barquito porque queremos (hacer la plancha de vela, esquiar en el agua).

6. Juegan en (una cancha, un campo) de voleibol en la playa.

C Identify each item.

1. _____   2. _____

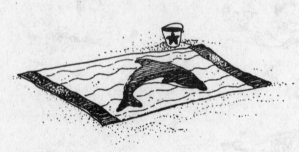

3. _____   4. _____

D Answer.

¿Qué tiempo hace en el verano?

_____

E Complete with an appropriate word or phrase.

1. A veces hay sol y a veces está _____.

2. A veces hace buen tiempo y a veces _____.

3. Hay mucha _____ en la playa. A los niños les gusta

   hacer (construir) palacios y castillos en la _____.

4. El Mediterráneo es _____ y el Atlántico es un océano.

5. Si no hay viento no puedes practicar _____.

6. Van a _____ un barquito porque quieren

   _____.

7. Los jugadores juegan voleibol en una _____. La

   _____ está en la playa.

F Make a list.

1. cosas o artículos que lleva uno a la playa

_____   _____

_____   _____

_____   _____

2. deportes acuáticos o playeros

_____   _____

_____   _____

_____   _____

G Correct each false statement.

1. Nos gusta practicar la plancha de vela cuando no hay viento y las olas son grandes.

_____

2. Cuando tomamos el sol necesitamos usar el buceo.

_____

3. Necesito una toalla antes de nadar en el mar.

_____

4. Necesitas una plancha de vela si vas a practicar el surfing.

_____

5. Los jugadores de voleibol juegan en el barquito.

_____

H Write as much as you can about a volleyball game.

_____

_____

_____

_____

_____

Vocabulario ❷

A Choose the most appropriate word from the **banco de palabras** to complete each statement.

esquís	montañas	bastones
ventanilla	nieve	telesilla
anorak	pistas	patines

1. Necesitas _____ y _____
   si quieres esquiar.

2. Pueden subir la montaña en el _____.

3. Hay muchas _____ en una estación de esquí.

4. Compraron los tickets en la _____.

5. Si no hay _____ y _____
   no es posible esquiar.

6. Para patinar es necesario llevar _____.

B Match.

1. _____ las botas   **a.** la cabeza

2. _____ los guantes   **b.** los pies

3. _____ el casco   **c.** las manos

4. _____ el gorro

5. _____ los patines

C List all the clothing and other gear you need to ski.

_____

_____

_____

D Answer.
¿Qué tiempo hace en el invierno?

_____

E Complete with the appropriate word(s).

1. Los esquiadores suben la montaña en _____.

2. Compran los _____ para

   el _____ en la ventanilla o la

   _____.

3. José bajó la _____ para expertos.

4. Si uno va a esquiar, necesita _____,

   _____ y _____.

5. En el invierno hace _____.

6. A veces, la temperatura _____ a cinco grados bajo cero.

F Give a related word.

1. el monte _____

2. esquiar _____

3. nevar _____

4. la bajada _____

5. la subida _____

6. la ventana _____

7. patinar _____

G Write five sentences comparing skiing and ice skating.

_____

_____

_____

_____

_____

_____

_____

Gramática

Pretérito de los verbos en **-ar**

A Choose the correct completion.

1. Ellos (nadó, nadaron) en el mar.

2. Su amigo (nadó, nadaron) en la piscina.

3. Las amigas (pasaron, pasamos) el fin de semana en la playa.

4. Yo (esquió, esquié) en el agua.

5. Yo (usé, usó) una crema solar.

6. Nosotros (jugamos, jugaron) voleibol.

7. Tú (hablaste, hablaron) con Juan.

8. ¿Cuántas fotografías (tomaste, tomó) tú?

9. Yo (entró, entré) en el agua.

10. Ustedes (buceó, bucearon).

B Complete with the correct preterite forms of the indicated verb.

1. Él _____ en el mar y yo

_____ en el lago. (esquiar)

2. Ella _____ en el lago y yo

_____ en la piscina. (nadar)

3. Él _____ una crema solar y yo

_____ una crema solar también. (usar)

C Complete with the correct preterite verb form.

1. hablar

—Yo _____ con Juan ayer.

—¿Cuándo _____ (tú) con Juan?

2. tomar

—Yo _____ un examen.

—¿En qué clase _____ (tú) el examen?

3. comprar

—Yo lo _____ ayer.

—¿Cuándo lo _____ (tú)?

4. nadar

—Nosotros _____ en el mar.

—Y ustedes _____ en la piscina.

5. bajar

—¿Qué pistas _____ ustedes?

—Nosotros _____ las pistas para principiantes.

6. pagar

—Nosotros _____ cien pesos.

—¿Cuánto _____ ustedes?

D Complete with the correct preterite verb ending.

1. Anita tom_____ el sol.

2. José Luis nad_____.

3. Yo esqui_____ en el agua.

4. Maripaz y Nando buce_____.

5. Y luego todos nosotros tom_____ un refresco en un café.

6. Yo tom_____ una limonada.

7. Anita tom_____ un helado.

8. ¿Y quién pag_____? Anita pag_____.

9. Y tú, ¿pas_____ el día en la playa con tus amigos?

10. ¿No? ¿Ustedes no pas_____ el día en la playa? ¡Qué pena!

E Complete with the correct preterite forms of the indicated verb.

1. Yo _____ la guitarra y él la

   _____ también. (tocar)

2. Yo _____ y ella _____

   también. (jugar)

3. Yo _____ y él _____ a la

   misma hora. (llegar)

4. Yo _____ un tanto y ella

   _____ otro. (marcar)

5. Yo _____ y ella _____

   también. (pagar)

6. Yo _____ a las ocho y él

   _____ a las nueve. (empezar)

7. Yo _____ una mesa libre y él

   _____ una mesa libre. (buscar)

F Answer each question.

1. ¿Jugaron voleibol los amigos?

_____

2. ¿Jugaste también?

_____

3. ¿Ganó el equipo de Jorge?

_____

4. ¿Jugaron ustedes en la playa?

_____

5. Después de jugar, ¿nadaste?

_____

6. ¿Dónde nadaron ustedes?

_____

G Rewrite in the preterite.

1. Tomo el desayuno en casa.

_____

2. En la escuela estudiamos mucho.

_____

3. José trabaja mucho.

_____

4. Elena toma un examen.

_____

5. José y Elena sacan una nota buena en su examen.

_____

6. Tú no prestas atención cuando el profesor te habla.

_____

7. Después de las clases regreso a casa.

_____

8. Busco información en el Internet.

_____

9. Navego la red.

_____

10. Mis amigos me envían correos electrónicos.

_____

H Form sentences in the preterite. Give as much information as possible.

1. yo / pasar / fin de semana

_____

2. mi amigo / rentar

_____

3. él y su amiga / esquiar

_____

4. nosotros / nadar

_____

5. yo / tomar / refresco

_____

6. yo / no / pagar / tú / pagar

_____

7. ¿a qué hora / regresar / ustedes?

_____

8. José / preparar

_____

Pretérito de **ir** y **ser**

A Complete with the preterite of **ir.**

1. Yo _____ y él _____ también.
2. Yo _____ a casa y él _____ al café.
3. Yo _____ por la mañana y él _____ por la tarde.
4. Yo _____ ayer y él _____ anteayer.

B Answer each question.

1. ¿Adónde fueron ustedes ayer?

_____

2. ¿Con quién(es) fueron?

_____

3. ¿A qué hora fueron?

_____

4. ¿Cómo fueron? ¿En bus o a pie?

_____

C Complete with the preterite of **ir**.

1. ¿Tú _____ a qué escuela elemental?

2. ¿_____ tu hermano a la misma escuela?

3. ¿_____ ustedes a la escuela a pie?

4. No, nosotros _____ en bus.

5. No, yo no _____ así. Yo _____ a pie y él

_____ en bus.

D Rewrite in the preterite.

1. Julio y yo vamos a la misma escuela.

_____

2. Su hermana y él van a la escuela a pie.

_____

3. Yo voy en bus.

_____

4. Julio es presidente de nuestra clase.

_____

5. Yo no soy presidente de la clase pero soy capitán del equipo de béisbol.

_____

Los pronombres **lo, la, los, las**

A Choose the correct answer.

1. ¿Tienes tus boletos?
   a. Sí, la tengo.
   b. Sí, lo tengo.
   c. Sí, los tengo.
   d. Sí, las tengo.

2. ¿Contestaste los correos electrónicos?
   a. Sí, los contesté.
   b. Sí, las contesté.
   c. Sí, lo contesté.
   d. Sí, la contesté.

3. ¿Compró Elena la camisa?
   a. Sí, lo compró.
   b. Sí, la compró.
   c. Sí, los compró.
   d. Sí, las compró.

4. ¿Dónde está la cámara?
   a. José las tiene.
   b. José la tiene.
   c. José lo tiene.
   d. José los tiene.

5. ¿Dónde tienes las toallas?
   a. Las tengo en mi mochila.
   b. Los tengo en mi mochila.
   c. La tengo en mi mochila.
   d. Lo tengo en mi mochila.

B Answer using a pronoun.

1. ¿Tienes la crema solar?

   _____

2. ¿Compraste los anteojos de sol?

   _____

3. ¿Rentaste el barquito?

   _____

4. ¿Rentaste los esquís acuáticos?

   _____

5. ¿Usaste la computadora?

   _____

6. ¿Buscaste la información en el Internet?

   _____

7. ¿Enviaste el correo electrónico anoche?

   _____

C Rewrite using a pronoun.

1. Carmen tomó *las fotos* con su cámara digital.

   _____

2. Ella compró *la cámara* ayer.

   _____

3. ¿Tienes *los esquís*? ¿Tienes *los bastones*?

   _____

4. Necesitas *los guantes*.

   _____

5. Un jugador lanza *el balón* y el otro devuelve *el balón*.

   _____

6. Yo tengo *la raqueta*.

   _____

Integración

¡A leer más!

A Read the following excerpt from a magazine article.

¡A sentir la nieve!

A partir del mes de noviembre, comienzan a publicarse diferentes ofertas para «snowboarding». Si dispones de tiempo suficiente como para irte varias veces a practicar, es mejor que adquieras boletos de temporada, en vez de comprar entradas para cada ocasión. También hay ofertas para grupos. El mejor horario para aprovechar las jornadas es temprano en la mañana o al atardecer, porque son los horarios en que las laderas están más despejadas. De lunes a viernes, los boletos cuestan casi un 40 por ciento menos que los fines de semanas o días festivos o «holidays». Te sugerimos que te informes también acerca de los accidentes conocidos como «Tree Pit», que en su gran mayoría ocasionan la muerte, y que ocurren cuando los «snowboarders» chocan con árboles o caen enterrados en hoyos que forma la nieve alrededor de éstos. La patrulla de bosques está incrementando las regulaciones para evitar este tipo de accidente, pero recuerda que, como en todo deporte, existen sus riesgos.

B Rewrite the following as in the article.

Desde el mes de noviembre, empiezan a publicarse distintas posibilidades para «snowboarding». Si tienes bastante tiempo como para irte unas veces a practicar, es mejor que adquieras billetes de temporada en vez de sacar billetes para cada día.

_____

_____

_____

_____

_____

_____

_____

C There is something quite dangerous about trees. Describe some of the dangers. You may do this in English.

_____

_____

_____

_____

_____

_____

_____

D In Spanish explain when you should go snowboarding.

_____

_____

_____

_____

_____

_____

_____

A Read the following article about winter sports.

DEPORTES DE INVIERNO

Con el invierno llegan los deportes del frío. Es la época propicia para practicar las distintas variedades de esquí: alpino, nórdico, en monopatín, así como las carreras de trineos, el patinaje sobre hielo, el biatlón, el bob-sled...

Los Pirineos es una de las zonas de España donde mejor se pueden practicar todos estos deportes.

Blanca Fernández Ochoa ha sido la mejor esquiadora española de los últimos tiempos. Fue medalla de bronce en las últimas olimpiadas de Albertville.

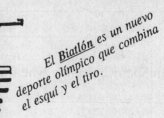

El Biatlón es un nuevo deporte olímpico que combina el esquí y el tiro.

El esquí-alpinismo
Con una técnica específica es posible subir las pendientes más difíciles para luego realizar el descenso sobre nieve fresca o hielo.

El surf de nieve
Para practicarlo necesitas una tabla y un casco, rodilleras... Hay dos modalidades: las carreras y las exhibiciones.

Las carreras de trineos
El éxito de este deporte depende de la compenetración entre los perros y el deportista. Doce perros tiran del trineo.

El bob-sled es un deporte de gran emoción. Destreza en la conducción y una buena dosis de valor son los dos ingredientes básicos para su práctica.

Patinaje sobre hielo
Con unos patines de hielo puedes hacer maravillas: desde montar una coreografía con tu melodía favorita, hasta competir con tus amigos para ver quien es el más rápido sobre las cuchillas.

B Find the Spanish equivalent for the following in the article about winter sports.

1. bronze medal

_____

2. downhill skiing

_____

3. cross-country skiing

_____

4. helmet

_____

5. knee pads

_____

6. blades

_____

7. snowboarding

_____

Read the following ad about skiing.

ESQUÍ

A NIVEL *Cavaliere*

Cavaliere, el operador turístico de nivel internacional

CUATRO CATEGORÍAS

- **Expertos con equipo**
  Incluye profesor de su nivel y provisión de equipo
- **Expertos**
  Igual cobertura, sin la provisión de equipo
- **Futuros**
  Provisión de equipo completo y dos clases diarias con profesor exclusivo para grupos reducidos
- **Niños con escuela de esquí**
  Niños de 3 a 11 años que pasan el día entero a cargo de personal especializado y aprenden jugando. Se incluye pensión completa y provisión de equipo.

CUATRO SALIDAS SEMANALES

Martes, Jueves, Sábados y Domingos

desde el 19 de junio hasta el 23 de octubre

Portillo — 8 días

Expertos c/ equipo	de 39.980 a 52.000
Expertos	de 3l.700 a 51.500
Futuros	de 40.680 a 54.900
Niños / escuela	de 32.900 a 48.300

Cavaliere

lo prometido... y más.
Córdoba 617 primer piso • Res. 658 • 74

B Answer each question according to the ad about skiing.

1. What is the name of the travel agency? _____

2. How many types of excursions does the travel agency offer? _____

3. Is it necessary to have one's own equipment in order to book a trip? _____

4. Are there trips for beginners as well as experts? _____

5. Is there only one departure each week? _____

6. How many departures are there each week? _____

7. When do the departures begin? _____

8. When do the departures end? _____

9. Which ski resort do these trips go to? _____

10. The prices shown are for how many days? _____

A Read the following ad about scuba diving.

Cursos de Buceo

SI TODAVIA NO ERES BUCEADOR, AHORA ES EL MOMENTO DE COMENZAR ESTA AVENTURA

- Cursos de Buceo con titulación internacional de **S.S.I.**

- Todo el material, equipamiento, tramitaciones, etc., necesario para el curso está incluido en nuestro precio.

- Grupos reducidos.

- Diversas posibilidades para que puedas elegir la que mejor se ajuste a tus necesidades.

- Nuestros cursos destacan por el número de inmersiones que realizas en ellos.

DURANTE TODO EL AÑO impartimos curso en nuestro Centro de Buceo. Duración una semana.

DURANTE LOS PUENTES DE SEMANA SANTA Y MAYO, cursos intensivos en la Costa.

CURSOS EN MADRID. Si no puedes desplazarte a la Costa, ahora te ofrecemos el curso impartido en Madrid, en horario totalmente flexible, para que puedas compatibilizarlo con tu trabajo o estudios.

INFORMATE Y RESERVA TU PLAZA

CENTRO DE BUCEO DARDANUS

CASTELL DE FERRO (Granada)
Teléfonos: 958/656008 y 908/625822

EN MADRID
Teléfonos: 915/173212 y 909/167559

B Answer each question according to the ad about scuba diving.

1. ¿Cuándo dan los cursos de buceo?

   _____

2. ¿Cuánto tiempo dura un curso?

   _____

3. ¿Son grandes o pequeños los grupos que forman una clase?

   _____

4. ¿Cuándo hay cursos en la Costa?

   _____

C Indicate whether the following statements are true or false according to the ad about scuba diving.

	verdad	falso
1. Hay muchas personas en cada grupo o clase.	☐	☐
2. Es necesario ir a la Costa para tomar el curso.	☐	☐
3. El centro de Buceo Dardanus permite a los estudiantes tener muchas inmersiones.	☐	☐
4. Dan cursos solo en mayo.	☐	☐
5. Todo lo que uno necesita para bucear está incluido en el precio.	☐	☐
6. Las horas de los cursos son flexibles.	☐	☐

Tarea

El regalo

Task Your grandparents in Madrid have given you a great gift for your birthday—a trip to anywhere in Spain for one week with a friend. Write an e-mail inviting your friend on the trip and talking about where you would like to go, how you are going to get there, when you are going to go, and all the attractions that you are going to see.

How Use the diagram below to organize your information before you actually start to write.

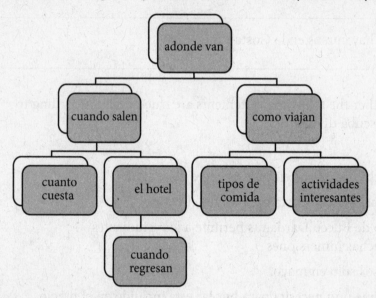

Use the information you placed in your diagram to help you write the e-mail.

- Check your sentences for the correct verb forms.
- Check all words for the correct spelling.
- Check all words for the correct endings.

_____

_____

_____

_____

_____

_____

_____

_____

CAPÍTULO 7

De vacaciones

Vocabulario ①

Actividad A Listen and repeat.

Actividad B Listen and choose.

1. _____
2. _____
3. _____
4. _____
5. _____

Actividad C Listen and choose.

_____

_____

_____

_____

_____

Actividad D Listen and choose.

	sí	no
1.	☐	☐
2.	☐	☐
3.	☐	☐
4.	☐	☐
5.	☐	☐
6.	☐	☐
7.	☐	☐

Actividad E Listen and speak.

Vocabulario ②

Actividad F Listen and repeat.

Actividad G Listen and choose.

	sí	no
1.	☐	☐
2.	☐	☐
3.	☐	☐
4.	☐	☐
5.	☐	☐
6.	☐	☐
7.	☐	☐
8.	☐	☐
9.	☐	☐

Actividad H Listen and choose.

	verano	invierno			verano	invierno
1.	☐	☐		6.	☐	☐
2.	☐	☐		7.	☐	☐
3.	☐	☐		8.	☐	☐
4.	☐	☐		9.	☐	☐
5.	☐	☐		10.	☐	☐

Actividad I Listen and answer.

Gramática

Actividad A Listen and choose.

	presente	pretérito			presente	pretérito
1.	☐	☐		6.	☐	☐
2.	☐	☐		7.	☐	☐
3.	☐	☐		8.	☐	☐
4.	☐	☐		9.	☐	☐
5.	☐	☐		10.	☐	☐

Actividad B Listen and answer.

Actividad C Listen and answer.

Actividad D Listen and choose.

1. a b c   4. a b c
2. a b c   5. a b c
3. a b c   6. a b c

Actividad E Listen and choose.

	yo	él, ella
1.	☐	☐
2.	☐	☐
3.	☐	☐
4.	☐	☐
5.	☐	☐

Actividad F Listen and choose.

1. a b
2. a b
3. a b
4. a b

Actividad G Listen and speak.

Actividad H Listen and answer.

Actividad I Listen and repeat.

Conversación

Actividad A Listen.

Actividad B Listen and repeat.

Actividad C Listen and choose.

	sí	no
1.	☐	☐
2.	☐	☐
3.	☐	☐
4.	☐	☐
5.	☐	☐
6.	☐	☐
7.	☐	☐
8.	☐	☐

Lectura cultural

Actividad A Listen.

Actividad B Listen and write.

1. las actividades de los jóvenes en la playa

   _____

2. dónde comieron los jóvenes

   _____

3. qué comieron

   _____

4. qué es Tarifa

   _____

Lectura—Un poco más

Actividad A Listen.

Integración

¡A escuchar más!

Actividad A Listen.

Actividad B Listen and choose.

1. What is this ad for?
   a. ski trips
   b. skating lessons
   c. sportswear

2. For how many days is the stay at the resort?
   a. 4
   b. 8
   c. 12

3. What is the destination?
   a. Buenos Aires
   b. Córdoba
   c. Bariloche

4. How many departures are there per week?
   a. 2
   b. 4
   c. 8

5. What is the means of transportation?
   a. bus
   b. train
   c. plane

6. What is the price?
   a. 500 pesos
   b. 5,000 pesos
   c. 15,000 pesos

7. What is the address of the agency?
   a. Córdoba 81
   b. Buenos Aires 80
   c. Gorostiza 88

8. What is their phone number?
   a. 312-69-75
   b. 312-67-59
   c. 312-77-69

Actividad C Listen.

Actividad D Listen and write.

1. What kind of product is being advertised?

   _____

2. What is the name of the product?

   _____

3. Where should you take it?

   _____

4. What will it do for you?

   _____

5. How much does it cost?

   _____

Actividad E Listen.

Actividad F Listen and choose.

1. ¿Para quiénes es el anuncio?
   a. para personas que quieren trabajo
   b. para enfermos
   c. para personas que van de vacaciones

2. ¿Cuál es el nombre del lugar que anuncian?
   a. Palmas del Mar
   b. Vistas del mar
   c. San Juan

3. ¿Dónde está el lugar?
   a. en un lago
   b. en las montañas
   c. en la costa

4. ¿Qué deporte no menciona el anuncio?
   a. el esquí acuático
   b. el golf
   c. el tenis

5. ¿Qué pueden hacer las personas que no quieren hacer deportes?
   a. tomar el sol
   b. ir a San Juan
   c. esquiar

6. ¿A cuántos kilómetros de San Juan está?
   a. cuatro
   b. catorce
   c. cuarenta

Repaso cumulativo

Actividad A Listen and choose.

	sí	no
1.	☐	☐
2.	☐	☐
3.	☐	☐
4.	☐	☐
5.	☐	☐
6.	☐	☐
7.	☐	☐

En tu tiempo libre

En tu tiempo libre

Vocabulario ❶

Ⓐ Choose the correct word from the **banco de palabras** to complete each sentence.

cumpleaños	conjunto	galletas	entrada	velas	músicos

1. Carlos cumple diecisiete años. Hoy es su _____.
2. Hay _____ en un pastel (una torta) de cumpleaños.
3. Muchas veces cuando comemos queso lo comemos con _____.
4. Los _____ tocan instrumentos.
5. Un grupo de músicos es también un _____ musical.
6. Un boleto para ir a un concierto es una _____.

Ⓑ Complete with an appropriate word.

1. Hoy la muchacha celebró su _____. Ella recibió muchos _____ de sus amigos y ella los abrió enseguida.
2. Ella quiere oír un concierto que va a dar su cantante favorito y está muy contenta porque su mejor amigo le dio _____ para el concierto.
3. Hay _____ en una banda y hay _____ en un coro.
4. Hay velas en _____ de cumpleaños.
5. Él volvió a casa a pie porque _____ el bus.

C Give the word being defined.

1. otra palabra que significa «maní» _____

2. una exposición musical _____

3. los que cantan _____

4. los que tocan un instrumento musical _____

5. ir a _____

6. un grupo musical _____

D Write a short paragraph describing a birthday party.

_____

_____

_____

_____

_____

_____

_____

_____

Vocabulario ②

A Choose the correct completion.

1. Ella (vio, oyó) una película.

2. Ella (vio, oyó) un concierto.

3. Ella compró las entradas en (la película, la taquilla).

4. Ella (entendió, aprendió) la película porque estudia español en la escuela.

5. Dan (una estatua, una exposición) en el museo.

B Answer each question.

1. ¿Qué queremos ver cuando vamos al cine?

_____

2. ¿Dónde tenemos que comprar las entradas?

_____

3. ¿Puedes comprender una película en español?

_____

4. ¿Qué queremos ver cuando vamos a un museo?

_____

5. ¿Qué pinta el pintor?

_____

C Give the opposite.

1. algo ≠ _____

2. alguien ≠ _____

3. siempre ≠ _____

D Use each word in an original sentence.

1. un cuadro

_____

2. una estatua

_____

3. una exposición

_____

4. el cine

_____

5. una película

_____

Gramática

Pretérito de los verbos en **-er**, **-ir**

A Choose the correct verb form to complete each sentence.

1. Yo (comió, comí) muchos cacahuetes.

2. Ellos (volvió, volvieron) temprano.

3. Ella le (dio, di) un regalo.

4. Nosotros (vimos, vieron) la película en español.

5. Yo (salió, salí) anoche.

6. Ustedes (aprendió, aprendieron) mucho.

7. Tú (recibieron, recibiste) muchos aplausos.

8. Nosotros (asistí, asistimos) y ellos (asistió, asistieron) también.

B Complete with the correct preterite form of the indicated verb(s).

1. Roberto _____ anoche y no

   _____ a casa hasta la medianoche. (salir, volver)

2. Él y sus amigos _____ al cine donde

   _____ una película. (ir, ver)

3. Ellos la _____ en inglés, en versión original. (ver)

4. Ellos la _____ sin problema. (comprender)

5. Vicente, ¿_____ tú la película? (comprender)

6. Claro que yo la _____.

   _____ mucho inglés en la escuela. (comprender,

   aprender)

7. Cuando nosotros _____ del café,

   _____ el autobús. (salir, perder)

8. ¿Cómo _____ ustedes a casa? (volver)

9. Nosotros _____ en taxi. (volver)

C   Answer about yourself.

1. Ayer, ¿viste un video en la clase de español?

_____

_____

2. ¿Aprendiste algo nuevo en clase?

_____

_____

3. ¿Comprendiste el video?

_____

_____

4. ¿Lo viste en inglés o en español?

_____

5. Ayer, ¿comiste en la cafetería de la escuela?

_____

_____

6. ¿A qué hora saliste de casa?

_____

7. ¿Cómo volviste a casa?

_____

D   Write a friend a short letter. Tell him or her: you went out last night; you saw a good movie; you saw the movie at the Cine Rex; afterwards you ate at a restaurant; you returned home at 10:30.

_____

_____

_____

_____

_____

_____

E Rewrite the letter from Activity D. Tell your friend what you and Guillermo did.

_____

_____

_____

_____

_____

F Rewrite all the sentences, changing **hoy** to **ayer**.

1. Hoy como en casa.

_____

2. Hoy vemos una película.

_____

3. ¿Qué escribes hoy para la clase de inglés?

_____

4. ¿A qué hora salen ustedes hoy?

_____

5. ¿Dan ustedes una fiesta hoy?

_____

Los verbos **oír, leer**

A Complete with the present tense of **oír**.

yo		nosotros(as)	
tú			
Ud., él, ella		Uds., ellos, ellas	

B Complete with the correct form of the present tense of **oír**.

1. —¿Qué _____ tú?

   —No _____ nada.

2. —Y, ustedes, ¿qué _____?

   —No _____ nada.

3. —Él _____ solamente lo que quiere _____.

C Complete with the correct preterite form of the indicated verb(s).

1. Él lo _____ en la radio. No lo _____ en la tele.
   (oír, ver)

2. Yo no _____ nada pero _____ lo que pasó.
   (oír, ver)

3. En un solo día nosotros _____ un concierto y

   _____ una película. (oír, ver)

4. Tú no _____ nada y no _____ nada. (oír, ver)

5. Él _____ la novela y yo _____ la misma novela.
   (leer, leer)

6. Ellos _____ el anuncio en el periódico. (leer)

Palabras afirmativas y negativas

A Match each word with its opposite.

1. _____ algo   **a.** nunca
2. _____ alguien   **b.** nadie
3. _____ sí   **c.** nada
4. _____ siempre   **d.** ni
5. _____ o   **e.** no

B Write an original sentence with each of the following words.

1. algo _____

_____

2. alguien _____

_____

3. siempre _____

_____

C Rewrite each of your sentences from Activity B in the negative.

1. _____

_____

2. _____

_____

3. _____

_____

Integración

¡A leer más!

A Look at this ad from a magazine in Mexico.

B Answer each question about the ad in Activity A.

1. ¿Cuál es el nombre del teatro? _____

2. ¿Quién es el músico? _____

3. ¿Qué instrumento toca? _____

4. ¿Qué día es el concierto? _____

5. ¿Cuántas funciones hay? _____

6. ¿A qué hora? _____

7. ¿Qué número llamas si necesitas información? _____

8. ¿Con qué puedes pagar? _____

9. ¿Cuál es el precio mínimo en pesos mexicanos de una entrada? _____

10. ¿Cuál es el precio máximo? _____

A Read the ad about a birthday celebration.

Festeja tu cumpleaños en Cinemex y vive la Magia del Cine con tus amigos

¡Vive un cumpleaños de película en Cinemex! Déjanos organizarte tu fiesta y de cantarte *Las mañanitas*, mientras disfrutas de tu película favorita en compañía de tus amigos.

Conoce nuestros paquetes. Tenemos uno especial para ti. Llama al 52 57 68 68 o al 01800 710 5555 o envíanos un correo electrónico a eventos@cinemex.com.

¡El pastel va por nuestra cuenta!

B In your own words, describe in English how this ad suggests you celebrate your birthday.

_____

_____

_____

_____

Tarea

La cultura latina

Task You have been visiting some cultural sites in the city and have been asked to prepare a report to the class about what impressed you the most and why. You can't decide which you liked more, the music you heard or the works of art you saw.

How Choose a topic for your report.

- Make a diagram like the one below to help organize your thoughts.
- Write a short report to present to your school upon your return.

Use the information you placed in your diagram to help you write the report.

- Check your sentences for the correct verb forms.
- Check all words for correct spelling.
- Check all words for the correct endings.

_____
_____
_____
_____
_____
_____
_____
_____

En tu tiempo libre

Vocabulario ❶

Actividad A Listen and repeat.

Actividad B Listen and choose.

1. a   b
2. a   b
3. a   b
4. a   b
5. a   b
6. a   b

Actividad C Listen and choose.

1. a   b   c
2. a   b   c
3. a   b   c

Vocabulario ❷

Actividad D Listen and repeat.

Actividad E Listen and choose.

	verdad	falso
1.	☐	☐
2.	☐	☐
3.	☐	☐
4.	☐	☐
5.	☐	☐

Actividad F Listen and choose.

1. a   b
2. a   b
3. a   b
4. a   b
5. a   b

Actividad G Listen and choose.

	sí	no
1.	☐	☐
2.	☐	☐
3.	☐	☐
4.	☐	☐
5.	☐	☐

Actividad H Listen and choose.

1. a   b   c
2. a   b   c
3. a   b   c

Gramática

Actividad A Listen and choose.

	pasado	presente			pasado	presente
1.	☐	☐		5.	☐	☐
2.	☐	☐		6.	☐	☐
3.	☐	☐		7.	☐	☐
4.	☐	☐		8.	☐	☐

Actividad B Listen and answer.

Actividad C Listen and speak.

Actividad D Listen and choose.

1. a	b	c		4. a	b	c
2. a	b	c		5. a	b	c
3. a	b	c		6. a	b	c

Actividad E Listen and answer.

Actividad F Listen and repeat.

Conversación

Actividad A Listen.

Actividad B Listen and repeat.

Actividad C Listen and choose.

	sí	no
1.	☐	☐
2.	☐	☐
3.	☐	☐
4.	☐	☐
5.	☐	☐
6.	☐	☐
7.	☐	☐
8.	☐	☐
9.	☐	☐

Lectura cultural

Actividad A Listen.

Actividad B Listen and write.

1. José Clemente Orozco

   _____

2. Zapatistas

   _____

3. la música andina

   _____

4. la música guatemalteca

   _____

Lectura—Un poco más

Actividad A Listen.

Integración

¡A escuchar más!

Actividad A Listen.

Actividad B Listen and write.

1. What kind of radio broadcast is it?

   _____

2. When was the first performance?

   _____

3. What is the title?

   _____

4. Who is Guillermo Sampere?

   _____

5. What happened to Angelito?

   _____

Repaso cumulativo

Actividad A Listen and choose.

a.

b.

1. a   b
2. a   b
3. a   b
4. a   b
5. a   b
6. a   b

¡Vamos de compras!

¡Vamos de compras!

Vocabulario ❶

A Write a list of articles of clothing that a male teen would wear.

_____   _____

_____   _____

_____   _____

_____   _____

_____

B Write a list of articles of clothing that a female teen would wear.

_____   _____

_____   _____

_____   _____

_____   _____

_____   _____

C Write a list of articles of clothing that both male and female teens would wear.

_____   _____

_____   _____

_____   _____

_____

D Write the opposite.

1. menos ≠ _____

2. caro ≠ _____

3. largo ≠ _____

4. una camisa ≠ _____

Nombre _____ Fecha _____

E Answer each question.

1. ¿Prefieres llevar una camisa (o blusa) de manga larga o de manga corta?
_____

2. Si eres muchacha, ¿prefieres llevar una falda o un pantalón?
_____

3. ¿Te gusta más un pantalón largo o un pantalón corto?
_____

4. ¿Prefieres llevar un par de zapatos, un par de tenis, zapatillas o botas?
_____

5. Si eres muchacha, ¿te gusta llevar vestido a las fiestas?
_____

6. Si eres muchacho, ¿te gusta llevar corbata a la escuela?
_____

F Answer each question.

1. ¿Qué talla usas para una camisa o blusa?
_____

2. ¿Qué talla usas para un pantalón?
_____

3. ¿Qué número calzas?
_____

G Correct each false statement.

1. Hay pocas tiendas en un centro comercial. _____

2. Debes comprar una chaqueta que no te queda bien. _____
_____

3. Si la chaqueta te queda grande necesitas una talla más grande. _____
_____
_____

4. Una camisa que cuesta cien pesos es barata y una camisa que cuesta cincuenta pesos es cara.
_____

5. Suben los precios cuando hay un saldo. _____

WORKBOOK
Copyright © by The McGraw-Hill Companies, Inc.

H Review the following words you have already learned. Use each one in an original sentence.

1. una camiseta

_____

2. un gorro

_____

3. un anorak

_____

4. unas zapatillas

_____

5. unos guantes

_____

6. unas botas

_____

7. un bañador

_____

8. un casco

_____

Vocabulario ➋

Ⓐ Make a list of all the vegetables you know.

_____   _____

_____   _____

_____   _____

_____

Ⓑ Make a list of all the fruits you know.

_____   _____

_____   _____

Ⓒ Choose the correct completion.

1. La señora va de (un puesto a otro, una tienda a otra) en el mercado.

2. El señor va de (un puesto a otro, una tienda a otra) en el centro comercial.

3. ¿A cuánto (cuestan, están) los tomates hoy?

4. ¿(Cuánto cuesta, A cuánto está) la camisa?

5. ¿Quiere usted (algo, nada) más?

6. No, (algo, nada) más, gracias.

Ⓓ Complete with the quantity you would like.

1. un _____ de zanahorias congeladas

2. un _____ de mayonesa y un

   _____ de mostaza

3. una _____ de agua mineral

4. un _____ de sardinas y un

   _____ de atún

5. un _____ de espaguetis

6. seis _____ de jamón

Ⓔ In your own words, describe the following.
el regateo

_____

_____

_____

Gramática

Los números

A Write the following numbers.

1. 100 _____

2. 300 _____

3. 500 _____

4. 700 _____

5. 900 _____

6. 600 _____

7. 1,000 _____

8. 2,000 _____

9. 1,000,000 _____

10. 2,000,000 _____

Presente de **saber** y **conocer**

A Choose the correct verb.

1. Yo (sé, conozco) su número de teléfono.

2. Yo lo (sé, conozco) bien. Es una persona buena.

3. Yo (sé, conozco) donde vive.

4. Yo (sé, conozco) su dirección y número de teléfono.

5. Yo (sé, conozco) la historia de España.

6. Yo (sé, conozco) que Madrid es la capital de España.

7. Yo (sé, conozco) Madrid. Es una ciudad que me gusta.

8. Yo (sé, conozco) las obras de los famosos artistas Velázquez y Goya.

B Complete each question and answer it.

1. —¿_____ Elena su talla?

   —No, no la _____.

2. —¿_____ (tú) la novela *El Quijote*?

   —Sí, la _____. La leí dos veces.

3. —¿_____ tú dónde está el centro comercial?

   —Sí, _____ donde está.

4. —¿_____ ustedes a la señora que trabaja en la tienda?

   —Sí, la _____.

5. —¿_____ ellos hablar español?

   —Sí, lo _____ hablar y lo hablan bien.

6. —¿_____ ellos hablar francés también?

   —No. El francés no lo _____ y no lo

   _____ hablar.

C Write a paragraph about a good friend. In the paragraph, answer the following questions: **¿Sabes su número de teléfono? ¿Cuál es? ¿Conoce él o ella a toda tu familia? ¿Conoces a toda su familia también? ¿Cuáles son algunas cosas que él o ella sabe hacer muy bien? ¿Sabes hacer las mismas cosas?**

_____

_____

_____

_____

_____

Comparativo y superlativo

A Complete with the correct words.

1. Nueva York es _____ grande _____ San Antonio.

2. Nueva York tiene _____ habitantes _____ San Antonio.

3. El estado de Texas es _____ grande _____ el estado de Nueva York.

4. Alaska es _____ estado _____ _____
   _____ Estados Unidos.

5. Sí, Alaska es _____ estado _____ _____ _____
   Estados Unidos pero tiene _____ habitantes _____ Texas y
   Nueva York.

B Think of three students in your class or three friends. Choose two adjectives and compare the three using the two adjectives. You will have six sentences.

1. _____
2. _____
3. _____
4. _____
5. _____
6. _____

C Complete these sentences with any accurate information.

1. _____ que yo.
2. _____ que mi hermano.
3. _____ que nadie.

D Complete the following chart.

	COMPARATIVO	SUPERLATIVO
bueno		
	peor	
más años		
menos años		
	mejor	X
mal		X

Demostrativos

A In English, explain the difference between **este, ese,** and **aquel.**

_____

_____

_____

B Complete with the correct word.

1. _____ zapatos que tengo yo son _____ caros que _____ que tú acabas de comprar.

2. _____ zapatos que tú tienes son menos caro que _____ (allá) en el escaparate.

3. _____ frutas que tengo yo son _____ frescas que _____ en el otro mercado.

4. ¿Me permites ver _____ libro que lees?

5. No me gusta el color de _____ camisa aquí pero el color de _____ que tú tienes me gusta mucho.

Integración

¡A leer más!

Ⓐ Look at these ads from Cortefiel, a rather upscale chain of stores in Spain.

CORTEFIEL

otoño 2009

Colección
hombre
mujer

Revista

Club Cortefiel

colección**sport**

La sastrería italiana se reinventa a través de la combinación de color y tejidos, aportando elegancia y confort para cualquier momento del día. Azules, verdes y beiges se iluminan con naranjas y ocres, siendo estos los colores de la colección sport de esta temporada.

Chaleco 59,00 €

Jersey 39,90 €

Pantalón algodón 45,90 €

CORTEFIEL

otoño 2009

Colección
hombre
mujer

Revista

Club Cortefiel

colección**glasgow**

Las reminiscencias de la moda de los años 60 están muy presentes en esta colección a través de las formas suaves y el volumen. Los detalles cobran importancia a través de los bordados, el patchwork o los lazos. Las tonalidades otoñales van desde el amarillo hasta el verde botella oscuro. Los diseños, de ligero matiz naif, respiran inocencia y cierta nostalgia.

Chaqueta 48,90 €

Vestido 36,90 €

Pantalón 44,90 €

B Answer based on the ads in Activity A.

1. According to the description accompanying the «colección sport», what are two characteristics of the clothing?

   _____   _____

2. What colors are used in this season's selections?

   _____   _____

   _____   _____

   _____

3. The man is wearing **un chaleco, un jersey,** and **un pantalón.** Which article of clothing is **el chaleco?** _____

4. According to the description accompanying «colección glasgow», what does the style of this collection recall? _____

5. What term does the copywriter use to refer to fall colors? _____

   _____

Tarea

¿Cuál es el precio?

Task Your teacher has decided to try to use some math computational skills along with your Spanish skills to make the lesson about shopping more realistic. You have been asked to create math word problems using the vocabulary you have been learning.

Look at the following example.

Marta quiere comprar unos pantalones largos que están de venta en Macy's. El precio regular de los pantalones es $50. El descuento es 15 por ciento. ¿Cuál es el precio con descuento de los pantalones que quiere comprar Marta?

You will be combining colors, numbers, clothing, food, and math terms to make up problems about percentage and discounts. The words below will be of help to you in writing your problems.

- descuento = *discount*
- por ciento = *percent*
- comprar = *to buy*
- gastar = *to spend*
- ahorrar = *to save*
- cuánto = *how much*

Below are some of the items that are being sold at a discount. You can replace them or add others if you would like.

- a men's brown jacket
- a pair of black shoes from Italy
- a pair of green slacks
- a pair of women's blue jeans
- a white blouse with long sleeves

How Consider the following questions for each item you choose.

- What is the regular price?
- What is the percentage of discount on the item?
- What is the discounted price of the item?
- How much did you save on the item?

Organize your data in the chart below before you actually start writing the problems.

cosa	precio regular	porcentaje de descuento	precio con descuento	cuánto ahorraste

Use the information you placed in your chart to help you write the problems.

- Check your sentences for the correct verb forms.
- Check all words for correct spelling.
- Check all words for the correct endings.

_____

_____

_____

_____

_____

_____

_____

_____

_____

_____

¡Vamos de compras!

Vocabulario ❶

Actividad A Listen and repeat.

Actividad B Listen and choose.

1. a   b
2. a   b
3. a   b
4. a   b
5. a   b
6. a   b

Actividad C Listen and choose.

	sí	no
1.	☐	☐
2.	☐	☐
3.	☐	☐
4.	☐	☐
5.	☐	☐
6.	☐	☐
7.	☐	☐
8.	☐	☐

Vocabulario ❷

Actividad D Listen and repeat.

Actividad E Listen and choose.

1. _____   4. _____
2. _____   5. _____
3. _____   6. _____

Actividad F Listen and answer.

Actividad G Listen and answer.

Gramática

Actividad A Listen and write.

1. _____
2. _____
3. _____
4. _____
5. _____
6. _____
7. _____
8. _____
9. _____
10. _____

Actividad B Listen and speak.

Actividad C Listen and choose.

	sí	no
1.	☐	☐
2.	☐	☐
3.	☐	☐
4.	☐	☐
5.	☐	☐

Actividad D Listen and speak.

Actividad E Listen and repeat.

Conversación

Actividad A Listen.

Actividad B Listen and repeat.

Actividad C Listen and choose.

	sí	no
1.	☐	☐
2.	☐	☐
3.	☐	☐
4.	☐	☐
5.	☐	☐
6.	☐	☐
7.	☐	☐
8.	☐	☐
9.	☐	☐

Lectura cultural

Actividad A Listen.

Actividad B Listen and write.

1. cómo llega la gente al mercado

   _____

2. la ciudad en Ecuador donde hay un mercado célebre

   _____

3. algunas cosas que hay en el mercado

   _____

4. lo que hace la gente para pagar un precio más bajo

   _____

Lectura—Un poco más

Actividad A Listen.

Integración

¡A escuchar más!

Actividad A Listen and choose.

	tienda de ropa	tienda de calzados	mercado	café	mercado indígena
1.	☐	☐	☐	☐	☐
2.	☐	☐	☐	☐	☐
3.	☐	☐	☐	☐	☐
4.	☐	☐	☐	☐	☐
5.	☐	☐	☐	☐	☐
6.	☐	☐	☐	☐	☐

Actividad B Listen.

Actividad C Listen and choose.

1. Where would this announcement be heard?
   a. in a stationery store
   b. in a clothing store
   c. at a cashier counter

2. What are they selling at a special offer?
   a. T-shirts
   b. shirts
   c. jackets

3. How much are they?
   a. 100 pesos
   b. 50 pesos
   c. 150 pesos

4. What choices are available?
   a. many colors and styles
   b. many colors and prices
   c. many colors and sizes

Repaso cumulativo

Actividad A Listen and choose.

	sí	no
1.	☐	☐
2.	☐	☐
3.	☐	☐
4.	☐	☐
5.	☐	☐

En avión

CAPÍTULO 10

En avión

Vocabulario ①

A Choose the correct word.

1. José hace un viaje y tiene dos (maletas, equipaje).

2. Antes él (hace, pone) la maleta. (Hace, Pone) en la maleta la ropa que necesita para (el viaje, el equipaje).

3. José (sale, trae) para el aeropuerto.

4. Muchos pasajeros hoy en día viajan con solo (un boleto electrónico, una tarjeta de embarque).

5. (El boleto electrónico, La tarjeta de embarque) sale de un distribuidor automático en el aeropuerto.

B Match.

1. _____ el nombre del pasajero   **a.** 21:15

2. _____ el número del asiento   **b.** AA 614

3. _____ el número del vuelo   **c.** Jorge Ortiz

4. _____ la hora de salida   **d.** 20:45

5. _____ la hora de embarque   **e.** Bogotá

6. _____ el destino   **f.** 21 C

C Choose the word or expression that best completes each sentence.

VUELO	SALIDA	ABORDAR	PUERTA	DESTINO
UA 105	7:05	6:30	5	BUENOS AIRES
AA 731	7:30	7:00	12	LIMA
AV 701	8:15	7:45	2	BOGOTÁ

1. El vuelo 105 de United sale a las _____.

   a. siete y cinco

   b. seis y media

   c. cinco

   2. El vuelo que sale a las ocho y cuarto va a _____.

      a. Lima

      b. Buenos Aires

      c. Bogotá

   3. Los pasajeros del vuelo 701 de Avianca pueden abordar el avión a las _____.

      a. ocho y cuarto

      b. ocho menos cuarto

      c. dos

   4. El vuelo que sale de la puerta número doce va a _____.

      a. Buenos Aires

      b. Lima

      c. Bogotá

D Correct each false statement.

   1. El taxi tiene una maleta.

      _____

   2. Él va de Miami a Buenos Aires. Está tomando un vuelo nacional (doméstico).

      _____

   3. Los pasajeros tienen que facturar sus maletas en la maletera de la línea aérea.

      _____

   4. Los pasajeros tienen que facturar su equipaje de mano.

      _____

E Use each of the following in an original sentence.

   1. hace

      _____

   2. pone

      _____

   3. sale

      _____

   4. trae

      _____

Vocabulario ❷

A Indicate whether each statement is true or false.

	verdad	falso
1. El pasaporte es una forma de identidad oficial.	☐	☐
2. Es necesario tener un pasaporte para viajar de un estado a otro en Estados Unidos.	☐	☐
3. Antes de abordar un vuelo todos los pasajeros tienen que pasar por el control de seguridad.	☐	☐
4. Un vuelo que sale a tiempo tiene una demora.	☐	☐
5. Los pasajeros embarcan en el mostrador de la línea aérea.	☐	☐
6. Los pasajeros deben hacer cola para abordar el avión.	☐	☐
7. Los asistentes de vuelo trabajan en el aeropuerto y los agentes trabajan abordo del avión.	☐	☐
8. El avión despega al final del vuelo.	☐	☐
9. Los pasajeros pueden poner su equipaje de mano en el pasillo.	☐	☐

B Match the opposites.

1. _____ la salida   a. despegar

2. _____ embarcar   b. encima de

3. _____ el despegue   c. desembarcar

4. _____ aterrizar   d. con destino a

5. _____ procedente de   e. el aterrizaje

6. _____ debajo de   f. la llegada

C Match the words or expressions that mean the same.

1. _____ a veces   a. la puerta de embarque

2. _____ un retraso   b. es necesario

3. _____ embarcar   c. de vez en cuando

4. _____ una cola   d. una demora

5. _____ hay que   e. abordar

6. _____ la puerta de salida   f. una fila

D Give a word that is related to each of the following.

1. seguro _____

2. pasar _____

3. el embarque _____

4. tardar _____

5. salir _____

6. asistir _____

7. volar _____

8. despegar _____

9. aterrizar _____

10. proceder _____

E Write an original sentence with each of your words from Activity D.

1. _____

2. _____

3. _____

4. _____

5. _____

6. _____

7. _____

8. _____

9. _____

10. _____

Gramática

Presente de **hacer, poner, traer, salir**

A Complete with the correct form of the indicated verb.

1. Yo _____ un viaje a España. (hacer)

2. Yo _____ el viaje en avión. (hacer)

3. Yo _____ mañana. (salir)

4. Yo _____ del aeropuerto internacional. (salir)

5. Yo _____ mi ropa en una maleta. (poner)

6. Yo _____ ropa en mi mochila también. (poner)

B Form sentences using the expression **hacer un viaje.**

1. yo / a España

_____

2. yo / con mi primo

_____

3. nosotros / en avión

_____

4. mis hermanos no / a España

_____

5. ellos / a México

_____

6. ¿adónde / sus padres?

_____

7. mis padres / a México también

_____

C Complete with the correct form of **hacer, poner,** and **salir.**

1. Juan _____ la maleta. Él _____ una camisa en la
   maleta. Él _____ para Málaga.

2. Nosotros _____ nuestra maleta. Nosotros

   _____ blue jeans en la maleta. Nosotros

   _____ la maleta porque

   _____ para Cancún, México.

3. ¿Tú _____ tu maleta? ¿Para dónde _____?

4. Mis padres _____ su maleta. Ellos _____ muchas

   cosas en la maleta. Ellos _____ su maleta porque

   _____ para Miami.

5. Yo _____ mi maleta. Yo _____ blue jeans y

   T-shirts en mi maleta. Yo _____ la maleta porque

   _____ para la sierra de Guadarrama donde voy de camping.

D Complete with the correct form of **tener** and **venir.**

1. Yo _____ mucha suerte porque _____ de Toledo,
   una ciudad fantástica cerca de Madrid.

2. Jesús y Juanita _____ mucha suerte porque _____

   de Puerto Rico, una isla tropical en el mar Caribe que _____ playas

   estupendas.

3. Nosotros _____ mucha suerte porque

   _____ de la Ciudad de México, la fabulosa capital de

   nuestro país.

4. Jorge _____ mucha suerte porque _____ de Quito,
   una ciudad colonial en los Andes.

5. Tú también _____ mucha suerte porque _____ de
   Acapulco.

E Form sentences in the present tense.

1. yo / salir / casa / ahora

   _____

2. mi hermano / salir / también

   _____

3. nosotros / hacer / viaje / España

   _____

4. mi hermano / tener / mucho / equipaje / y / yo / tener / mucho / también

   _____

   _____

5. en / aeropuerto / nosotros / hacer / cola

   _____

6. yo / traer / equipaje de mano / abordo / avión

   _____

   _____

7. asistentes de vuelo / venir / por / cabina / con / comida

   _____

   _____

8. nosotros / no / tener que / usar / máscara / de oxígeno

   _____

   _____

El presente progresivo

A Give the present participle of each verb.

1. volar _____

2. llegar _____

3. comer _____

4. hacer _____

5. salir _____

6. leer _____

B Complete with the present progressive of the indicated verb(s).

1. Nosotros _____ un viaje. (hacer)

2. En este momento, nosotros _____ a una altura
   de 10.000 metros pero el avión _____.
   (volar, subir)

3. Nosotros _____ los Andes. (sobrevolar)

4. Ahora el avión _____. (aterrizar)

5. Nosotros _____ al aeropuerto Jorge Chávez en
   Lima. (llegar)

C Rewrite each sentence using the present progressive tense.

1. Los pasajeros embarcan.

   _____

2. El asistente de vuelo mira las tarjetas de embarque.

   _____

   _____

3. Los pasajeros buscan su asiento.

   _____

4. Ponen su equipaje de mano en el compartimiento superior.

   _____

   _____

5. La asistenta de vuelo anuncia la salida.

   _____

6. El avión despega.

   _____

Integración

¡A leer más!

A Read the following ad for Copa Airlines.

> # Desde Buenos Aires
> # a Norteamérica, Centroamérica
> # y el Caribe en menos tiempo
>
> Al viajar con nosotros a
> través del Hub de las Américas en Panamá,
> usted en verdad ahorra tiempo sin trámites de aduana
> o migración. Disfrute con nuestra nueva flota de aviones
> 737-700 de más vuelos directos y más conexiones.
>
> **En Copa Airlines volamos cada día mejor.**
>
>
> Copa
> Airlines
> Afiliada a Continental Airlines
> w w w . c o p a a i r . c o m

B Answer based on the ad in Activity A.

1. ¿Qué línea aérea está anunciando sus vuelos desde Buenos Aires?

_____

2. ¿Adónde vuelan de Buenos Aires?

_____

3. ¿Dónde tiene su «Hub» la línea aérea?

_____

4. ¿Qué tipo de aviones tiene la compañía?

_____

5. ¿Cómo indica el anuncio que sus aviones son nuevos?

_____

C Explain in English.
The advertisement says there are some advantages to their hub. What are they?

_____

_____

A Read the following ad for Aeroméxico.

FT. LAUDERDALE - MEXICO
PAGA 1, VUELAN 2

DIARIO Y SIN ESCALAS
DESDE EL 6 DE OCTUBRE

Desde la Ciudad de México, Aeroméxico te ofrece convenientes conexiones a más de 40 destinos en México tales como Guadalajara, Monterrey, El Bajío, Aguascalientes y muchos más. Abordo disfruta de comidas y bebidas de cortesía y de un servicio amable que te hará sentir en casa.

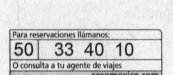

Para reservaciones llámanos:

| 50 | 33 | 40 | 10 |

O consulta a tu agente de viajes
aeromexico.com

AEROMEXICO. ®
La mejor forma de volar.

B Explain the meaning of **paga 1, vuelan 2** in the ad in Activity A.

_____

C Answer in Spanish based on the ad in Activity A.

1. What flight is being advertised?

_____

2. How frequently does it operate?

_____

3. Does it make a stop?

_____

4. How can you make a reservation?

_____

5. What does the airline serve onboard?

_____

Spanish shares a lot of vocabulary with the other Romance languages derived from Latin. Look at the expressions below in Spanish, French, Italian, and Portuguese. Notice how much you could understand at an airport in Paris, Rome, Lisbon, or Rio de Janeiro.

ESPAÑOL	FRANCÉS	ITALIANO	PORTUGUÉS
la línea aérea	la ligne aérienne	la linea aerea	a linha aérea
el vuelo	le vol	il vuolo	o vôo
el pasaporte	le passeport	il passaporto	o passaporte
la puerta	la porte	la porta	a porta
la tarjeta de embarque	la carte d'embarquement	la carta d'imbarco	a cartão de embarque
la aduana	la douane	la dogana	a alfândega
el destino	la destination	la destinazione	o destino
el billete (boleto)	le billet	il biglietto	o bilhete
el pasajero	le passager	il passaggero	o passageiro
el viaje	le voyage	il viaggio	o viagem

Read the following announcements in Spanish, French, and Italian. Do you think you would have any trouble understanding them if you were at an airport in Spain, France, or Italy?

ESPAÑOL
Iberia anuncia la salida de su vuelo ciento cinco con destino a Madrid. Embarque inmediato por la puerta número siete, por favor.

FRANCÉS
Air France annonce le départ de son vol cent cinq à destination de Paris. Embarquement immédiat par la porte numéro sept, s'il vous plaît.

ITALIANO
Alitalia anuncia la partenza del vuolo cento cinque a destinazione Roma. Imbarco immediato per la porta numero sette, per favore.

B Search on the Internet for airline signage, ads, or announcements in other languages. How much can you understand? List the words you understand and say what the language is.

_____

_____

Tarea

¡Viajamos!

Task Your uncle, Tito, is a writer for an international travel magazine and is going to South America. He has asked you to help him plan a PowerPoint presentation of the itinerary for a seven-day trip for high school students who are studying Spanish. The presentation of the itinerary must include places to stay, places to eat, attractions, etc., in each of the different areas that they will visit. It must also include a map showing the progress of the trip by dates.

How Research the information you need. Use the chart below to help you organize your notes for the presentation.

día 1	día 2	día 3	día 4	día 5	día 6	día 7

Use the information you placed in your chart to help you write the presentation.

- Check your sentences for the correct verb forms.
- Check all words for correct spelling.
- Check all words for the correct endings.

_____

_____

_____

_____

_____

_____

_____

_____

_____

En avión

Vocabulario ❶

Actividad A Listen and repeat.

Actividad B Listen and choose.

_____

_____

_____

_____

_____

_____

Actividad C Listen and choose.

	sí	no
1.	☐	☐
2.	☐	☐
3.	☐	☐
4.	☐	☐
5.	☐	☐
6.	☐	☐

Vocabulario ②

Actividad D Listen and repeat.

Actividad E Listen and answer.

Actividad F Listen and choose.

	sí	no
1.	☐	☐
2.	☐	☐
3.	☐	☐
4.	☐	☐
5.	☐	☐
6.	☐	☐
7.	☐	☐
8.	☐	☐

Actividad G Listen and choose.

1. _____ **a.** en el mostrador en el aeropuerto
2. _____ **b.** en la puerta de salida
3. _____ **c.** en casa
4. _____ **d.** en el control de seguridad
        e. abordo del avión

Gramática

Actividad A Listen and answer.

Actividad B Listen and choose.

1. a b c
2. a b c
3. a b c
4. a b c
5. a b c

Actividad C Listen and speak.

Actividad D Listen.

Actividad E Listen and choose.

	sí	no
1.	☐	☐
2.	☐	☐
3.	☐	☐
4.	☐	☐
5.	☐	☐
6.	☐	☐
7.	☐	☐

Actividad F Listen and answer.

Actividad G Listen and repeat.

Conversación

Actividad A Listen.

Actividad B Listen and repeat.

Actividad C Listen and choose.

	sí	no
1.	☐	☐
2.	☐	☐
3.	☐	☐
4.	☐	☐
5.	☐	☐
6.	☐	☐
7.	☐	☐

Lectura cultural

Actividad A Listen.

Actividad B Listen and write.

1. distancias en Latinoamérica

_____

_____

_____

2. montañas en Latinoamérica

_____

_____

_____

3. el Atacama

_____

_____

_____

Lectura—Un poco más

Actividad A Listen.

Integración

¡A escuchar más!

Actividad A Look, listen, and write.

1. _____

2. _____

3. _____

4. _____

5. _____

6. _____

7. _____

Actividad B Look, listen, and choose.

1. a   b   c
2. a   b   c

Actividad C Look, listen, and answer.

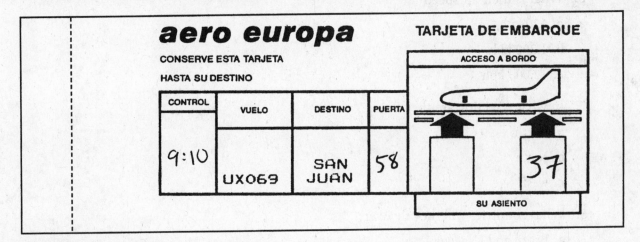

Actividad D Listen.

Actividad E Listen and choose.

1. Who is speaking?

   a. the pilot

   b. the flight attendant

   c. the airport announcer

2. What is the destination?

   a. North Carolina

   b. Caracas

   c. Buenos Aires

3. About how many hours is the flight?

   a. 7

   b. 9

   c. 12

4. At what time will they land?

   a. 9:10 A.M.

   b. 11:00 A.M.

   c. 12:20 P.M.

5. At what altitude are they?

   a. 1,100 meters

   b. 11,000 meters

   c. 111,000 meters

6. What is their air speed?

   a. 120 kph

   b. 1,200 kph

   c. 12,000 kph

7. In what direction are they flying?

   a. north

   b. south

   c. west

8. What countries will they fly over?

   a. Brazil and Uruguay

   b. Chile and Bolivia

   c. Spain and Portugal

9. How many flight attendants are on board?

   a. 12

   b. 18

   c. 20

Repaso cumulativo

Actividad A Listen and choose.

	saber	conocer
1.	☐	☐
2.	☐	☐
3.	☐	☐
4.	☐	☐
5.	☐	☐

¡Una rutina diferente!

¡Una rutina diferente!

Vocabulario ①

A Match.

1. _____ despertarse
2. _____ acostarse
3. _____ lavarse
4. _____ peinarse
5. _____ sentarse
6. _____ mirarse
7. _____ ponerse
8. _____ llamarse
9. _____ cepillarse
10. _____ quedarse

a. el pelo
b. en el espejo
c. por la noche
d. en una silla
e. temprano por la mañana
f. un suéter
g. la cara
h. los dientes
i. en la cama
j. Felipe

B Write the word that means the opposite.

1. sentarse ≠ _____
2. derecho ≠ _____
3. acostarse ≠ _____
4. ponerse ≠ _____
5. frío ≠ _____

C Write all the parts of the body you can remember in Spanish.

_____   _____

_____   _____

_____   _____

_____   _____

_____   _____

D Rewrite, changing the italicized word to its opposite.

1. Ella levanta la mano *izquierda*.

   _____

2. Él no *se levanta*.

   _____

3. El muchacho tiene *frío*.

   _____

4. Él *se pone* el suéter.

   _____

5. Ella *se sienta*.

   _____

E Write a sentence about **Felipe** with each of the expressions from **Actividad A** on page 11.3.

1. _____

   _____

2. _____

   _____

3. _____

4. _____

5. _____

6. _____

7. _____

8. _____

9. _____

10. _____

Vocabulario ❷

A Answer according to the illustrations.

¿Qué pone la joven en la mochila?

1. _____

2. _____

3. _____

4. _____

5. _____

B Answer each question.

1. ¿Van de camping los jóvenes?

_____

2. ¿Qué llevan en su mochila?

_____

_____

3. ¿En qué duermen?

_____

4. ¿Qué dan por el parque?

_____

5. ¿Arma un muchacho una carpa?

_____

6. ¿Lo puede hacer solo o necesita ayuda?

_____

7. ¿Se divierten los jóvenes?

_____

C Express another way.

1. Él se cepilla los dientes con *pasta dentífrica*.

_____

2. Ella va a *montar* una *tienda de campaña*.

_____

3. Ellos *lo pasan bien*.

_____

4. Necesita *una pastilla* de jabón.

_____

D Complete with the missing word.

1. un _____ de dientes
2. un _____ de crema dental
3. un _____ de papel higiénico
4. una _____ de jabón
5. un _____ de dormir

E Write at least five sentences about a group of friends camping.

1. _____

_____

2. _____

_____

3. _____

_____

4. _____

_____

5. _____

_____

Gramática

Verbos reflexivos

A Complete with the correct reflexive pronoun.

1. Yo _____ despierto y _____ levanto enseguida.
2. Mi hermano y yo _____ levantamos a la misma hora.
3. Yo _____ lavo y luego él _____ lava.
4. Nosotros no _____ lavamos al mismo tiempo en el cuarto de baño.
5. Mis amigos _____ cepillan los dientes después de cada comida.
6. Y ellos _____ lavan las manos antes de comer.

B Answer each question.

1. ¿Cómo te llamas?

_____

2. ¿A qué hora te despiertas?

_____

3. ¿Te levantas enseguida o no?

_____

4. ¿Te cepillas los dientes antes o después de tomar el desayuno?

_____

_____

5. ¿Qué te pones cuando tienes frío?

_____

6. ¿A qué hora te acuestas?

_____

7. ¿Te duermes enseguida?

_____

C Complete with the appropriate words.

Yo ___1___ lavo ___2___ manos y ___3___ cara. ___4___ cepillo ___5___ dientes y ___6___ cepillo ___7___ pelo. Yo ___8___ pongo ___9___ ropa.

D Rewrite with the new subject.

1. Me levanto temprano.

   Nosotros _____.

2. Nos lavamos la cara.

   Tú _____.

3. Ellos se miran en el espejo cuando se peinan.

   Yo _____.

4. Ella se quita la chaqueta.

   Ustedes _____.

5. Te pones el suéter.

   Yo _____.

E Rewrite with **nosotros**.

1. Me despierto temprano.

   _____

2. Me siento a la mesa.

   _____

3. Me divierto con los amigos.

   _____

4. Me acuesto.

   _____

5. Me duermo enseguida.

   _____

F Complete with the correct present tense form of the indicated verb(s).

1. Yo _____ y me levanto enseguida. (despertarse)

2. Mi hermana y yo bajamos a la cocina y _____ a la mesa.
   (sentarse)

3. Después de las clases, yo _____ con mis amigos.

   Nosotros _____ mucho. (divertirse, divertirse)

4. Cuando yo _____, _____
   enseguida. (acostarse, dormirse)

5. Y tú, ¿_____ enseguida cuando

   _____? (dormirse, acostarse)

G Answer each question.

1. ¿A qué hora quieres levantarte mañana?

_____

2. ¿Vas a lavarte el pelo?

_____

3. ¿A qué hora piensas acostarte?

_____

4. ¿Van ustedes a divertirse?

_____

5. ¿Quieren ustedes sentarse a la misma mesa?

_____

H Complete with a pronoun when necessary.

1. Yo _____ llamo Paco. Y tú, ¿cómo _____ llamas?
2. Yo _____ llamo a mi amigo Alejandro.
3. Ellos _____ acuestan temprano.
4. Ellos _____ acuestan temprano al bebé.
5. _____ lavo la cara varias veces al día.
6. Una vez a la semana _____ lavo a mi perro.
7. Ella es muy graciosa. Siempre _____ divierte a sus amigos.
8. Todos _____ divierten cuando están con ella.
9. ¿Qué _____ pones en la mochila?
10. Hace frío. _____ pongo el anorak.

Mandatos con **favor de**

A Write a nice note to someone telling him or her five things to do. Start each sentence with **favor de.**

_____

_____

_____

_____

_____

_____

Integración

¡A leer más!

A Look at this list of camping and outdoor sports equipment.

DEPOR⏶CAMPING
DEPORTES + CAMPING »

Camping / Deportes extremos
· ·

- » Carpas
- » Mochilas
- » Bolsas de dormir
- » Caramañolas
- » Colchonetas autoinflables
- » Hornallas a gas
- » Cartuchos de gas
- » Linternas
- » Set de cocina y marmitas
- » Cuchillos
- » Termos y bidones conservadores
- » Mesas plegables
- » Sillas y catres plegables
- » Bastones
- » Accesorios
- » Relojes técnicos

⏶▽

B Write all the items from the list in Activity A that you already know or can recognize what they mean.

_____   _____   _____

_____   _____   _____

_____   _____   _____

C Match the following.

1. _____ folding chairs   **a.** mesas plegables

2. _____ folding camp beds   **b.** termos y bidones conservadores

3. _____ folding tables   **c.** colchonetas autoinflables

4. _____ storage thermos and cans   **d.** catres plegables

5. _____ self-inflatable mattresses   **e.** hornallas a gas

6. _____ gas burners   **f.** sillas plegables

En otras partes

Note that this advertisement contains some expressions that are used specifically in Argentina, Uruguay, and Chile.

Una hornalla is more frequently **una hornilla** or **un hornillo**.
Una caramañola or **una caramayola** is more frequently **una cantimplora** (*canteen*).

Tarea

El horario

Task You've been having difficulty lately remembering what to do and when to do it, so at a school conference your parents and your Spanish teacher suggested that you should write a schedule of your daily activities at home and school. They want you to include the times, the activities, and where they take place. And of course your Spanish teacher sees this as the perfect opportunity to practice your Spanish!

How Use the chart below to create your schedule.

¿Qué?	¿Cuándo?

¿Dónde?	¿Con quién?

Use the information you placed in your chart to help you write the schedule.

- Check your sentences for the correct verb forms.
- Check all words for correct spelling.
- Check all words for the correct endings.

_____

_____

_____

_____

_____

_____

_____

_____

_____

CAPÍTULO 11

¡Una rutina diferente!

Vocabulario ❶

Actividad A Listen and repeat.

Actividad B Listen and choose.

a.

b.

c.

d.

e.

f.

1. _____
2. _____
3. _____
4. _____
5. _____
6. _____

Actividad C Listen and choose.

	sí	no
1.	☐	☐
2.	☐	☐
3.	☐	☐
4.	☐	☐
5.	☐	☐

Actividad D Listen and choose.

	sí	no			sí	no
1.	☐	☐		5.	☐	☐
2.	☐	☐		6.	☐	☐
3.	☐	☐		7.	☐	☐
4.	☐	☐				

Vocabulario ❷

Actividad E Listen and repeat.

Actividad F Listen and choose.

 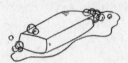

_____ _____ _____

  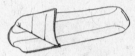

_____ _____ _____

Actividad G Listen and choose.

	sí	no			sí	no
1.	☐	☐		5.	☐	☐
2.	☐	☐		6.	☐	☐
3.	☐	☐		7.	☐	☐
4.	☐	☐				

Actividad H Listen and choose.

_____ _____ _____ _____

_____ _____ _____ _____

Actividad I Listen and choose.

	sí	no
1.	☐	☐
2.	☐	☐
3.	☐	☐
4.	☐	☐
5.	☐	☐
6.	☐	☐

Actividad J Listen and choose.

	sí	no
1.	☐	☐
2.	☐	☐
3.	☐	☐
4.	☐	☐

Actividad K Listen and choose.

	sí	no
1.	☐	☐
2.	☐	☐
3.	☐	☐
4.	☐	☐
5.	☐	☐

Gramática

Actividad A Listen and choose.

	reflexivo	no reflexivo		reflexivo	no reflexivo
1.	☐	☐	6.	☐	☐
2.	☐	☐	7.	☐	☐
3.	☐	☐	8.	☐	☐
4.	☐	☐	9.	☐	☐
5.	☐	☐	10.	☐	☐

Actividad B Listen and choose.

1. a   b   c
2. a   b   c
3. a   b   c
4. a   b   c
5. a   b   c

Actividad C Listen and answer.

Actividad D Listen and choose.

1. a   b   c
2. a   b   c
3. a   b   c
4. a   b   c

Actividad E Listen and speak.

Actividad F Listen and speak.

Actividad G Listen and answer.

Actividad H Listen and repeat.

Conversación

Actividad A Listen.

Actividad B Listen and repeat.

Actividad C Listen and choose.

1. a   b
2. a   b
3. a   b
4. a   b
5. a   b
6. a   b
7. a   b

Lectura cultural

Actividad A Listen.

Actividad B Listen and write.

1. _____

2. _____

3. _____

Lectura—Un poco más

Actividad A Listen.

Integración

¡A escuchar más!

Actividad A Listen.

Actividad B Listen and choose.

	sí	no		sí	no
1.	☐	☐	5.	☐	☐
2.	☐	☐	6.	☐	☐
3.	☐	☐	7.	☐	☐
4.	☐	☐	8.	☐	☐

Actividad C Listen and choose.

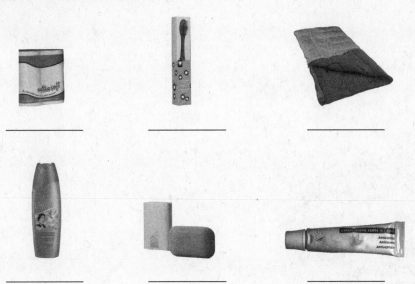

Repaso cumulativo

Actividad A Listen and choose.

	en el presente	en el pasado
1.	☐	☐
2.	☐	☐
3.	☐	☐
4.	☐	☐
5.	☐	☐
6.	☐	☐